仕事を人生の目的にするな

平井一夫

SB新書
669

はじめに

現代の日本は、いまだかつてない「迷いの時代」に突入しているのかもしれません。価値観が多様化し、生き方や働き方の選択肢が増えているのは前向きな変化といえるのでしょうが、自由が拡大すればするほど、選択する側の迷いも大きくなるというのも事実です。

そんななか、社会人になったけれども「仕事がつらい」「仕事にやりがいを感じられない」「この仕事にどんな意味があるのかわからない」……このような悩みを抱えながら生きている人は決して少なくないでしょう。

悩んでいるとき、人は視野狭窄に陥りがちです。まるで深い悩みの底にいるのは自分だけで、自分以外の人たちには何も悩みがないかのように見えてしまいます。

でも、最初にお伝えしておきましょう。それは勘違いです。

たとえニコニコしていても、みな心の奥底には、いろんな不安や迷いを抱えていて、それでも一生懸命働いている。昔から「仕事」「働く」とはそういうものですし、もちろん、私自身も例外ではありません。

ただ、悩みの深さという点でいうと、まさに社会人として走り出し、経験を積みつつある若いみなさんは、とくに受難の時に置かれているといえるでしょう。

バブル崩壊以降、30年以上も経済が停滞してきた日本には、総じて、成功体験が不足しています。若い人たちだけでなく、マネジメント層であっても、ほとんど誰も成功という甘い果実の味を知らぬまま、ロールモデルを失った状態で何とか生き延びようとしているのが、多くの企業の実態でしょう。

それに輪をかけるようにして、社会はますます複雑化・不確実化し、多様性が叫ばれる一方で自分自身が進む道を見定めづらくなっている――というのが、今の日本の概況だと思います。

いきなりシビアなことを述べましたが、悲観的観測を示すのは本意ではありません。

私はＣＢＳ・ソニーという会社で、主に洋楽の法務を担当した後、ソニー・ミュージックエンタテインメントのニューヨークオフィスに出向し、縁あってプレイステーションの北米展開に参加するなど、さまざまな経験を積みました。

その後２０１２年に、当時どん底にあったソニーを任され、上昇気流に乗せるところまでを見届けたのちに社長を退任。現在は、自ら立ち上げた「プロジェクト希望」で、子どもたちの支援活動に勤《いそ》しむ毎日です。

本書では、そんな私の経験談も交えながら、人は何のために働くのか、いかに働くのかを述べていきます。

全体を通じ、ぜひみなさんにお伝えしたいのは、「自分軸」を持って生きてほしいということです。まず、仕事は人生の目的ではありません。私たちは何のために働くかといったら、お金、会社、出世のためではなく、自分の人生を充実させ、幸せに生きるためなのです。

そこで重要になってくるのが、自分は自分の人生をどう生きたいのか、という優先順位です。自ら優先順をつけ、自ら選択して働いていく。それが自分軸を持って生きるということです。

人生は迷いと選択の連続です。そのなかで私自身、人生を充実させる手段として仕事を位置づけ、迷いの末に選択を下してきました。大変なこともたくさんありましたが、おかげで幸せな人生になっていると思います。

そして今、この時代に社会人となったみなさんが、自らの希望に従って道を見定め、自分軸で人生を構築していかれることを願わずにはいられません。

本書が、その一助となれたら幸いです。

仕事を人生の目的にするな　目次

第2章　仕事の基礎力の養い方

第3章 社会人としての自分の磨き方

第4章 人脈を広げるよりも大切なこと……145

第5章　辛いときこそ成長のチャンス……171

序章　先の見えない時代に働くあなたたちへ

自分のために働こう

まずお伝えしておきたいのは、**先の見えない時代だからこそ、「自分」というものをしっかり持って生きていくこと、自分のために働くということが、この上なく大切だ**ということです。

誰も正解を教えてくれません。教えてくれないどころか、1つの正解なんてないのが仕事、もっと言えば世の中というものです。

特にここ数十年の日本経済には、あまり明るい材料がありません。

バブル崩壊後の停滞は「失われた30年」とも呼ばれ、しかもいまだにそこから抜け出す光明は見られません。目まぐるしくトレンドが移り変わり、どんな業界に「張れば」いいのかと、皆迷っています。

もちろん、いつの時代も、誰も、未来のことを明確に見通せたことはありません。

ただ、その中でもとりわけ見通しが利きづらくて、誰もが不安や悩みを抱えているのが今の日本の実情でしょう。

２０２１年、私は「あらゆる子どもに、きっかけになる、感動体験をつくる。」をミッションに掲げ、「一般社団法人　プロジェクト希望」を立ち上げました。そこで出会う子どもたちや、講演先などで接する10代の若者たち、そのご両親たちを見ていても、「みんな、先が見えない中で迷っているんだな」とよく感じます。

時代は大きく変わっていますから、あなたのご両親や上司が知っている成功法則が現代にも当てはまるとは限りません。

それどころか、「失われた30年」を思うと、あなたのご両親や上司は、おそらくバブル崩壊後に社会人になった世代でしょう。

その間、日本経済はずっと停滞しているわけですから、そもそも自分たちなりの成功法則すら持ち合わせていない世代の人たちが、あなたの親となり上司となっている可能性が高いのです。

ともあれ、どうしたらうまくいくのかは、自分でいろいろなことを体験する中で確立していくしかない。だからこそ、自分というものをしっかり持っていなくてはいけません。

何をしたいのか、何を大切にしたいのか、どう生きたいのか。

仕事は自己を滅して従事するものだという考え方もありますが、私は反対です。ほかでもない自分の人生なのですから、まず自分の中での優先順位を大切にすべきでしょう。

他方、社会人になって数年の20代の人たちには「出世したくない」と考える人も多いようです。私としては、若い人たちには大いに仕事を楽しみ、成果を出して、将来的にはよきリーダーになっていってほしいので、もし「出世したくない」という傾向が強くなっているとしたら残念な話です。

とはいえ、若い人たちを責める気はまったくありません。なぜなら、もし「出世したくない」と考える若い人が増えているとしたら、それは若い人たち自身のせいではなく会社のマネジメント層のせいだからです。

そもそもなぜ、出世したくないのか。人は皆幸せを求めるものだと考えれば、答えは明らかです。

出世を「自分の仕事人生の1つのゴール」として考えられない人が多いのだとしたら、その大きな理由の1つは「出世して幸せそうに見える人」を、ほとんど見たことがないからでしょう。

たとえば、「出世しても、ただ単に責任が重くなるだけ」「大変な仕事なのに、給料はほとんど上がらない」「部下の管理が大変」――日ごろ、こんな話ばかり聞かされていたら、「あの立場にはなりたくないな」と考えるようになっても不思議ではありません。

つまり若い人たちが「出世したい」「よきリーダーとなり、部下を率いて成果を上げたい」と思うかどうかは、リーダーの仕事内容から賃金面での処遇まで含め、そう思えるような環境や企業文化があるかどうかにかかっているわけです。

そして、そんな環境や企業文化を作るのは、究極的には企業のトップです。

そうは言っても、現実にはひとたび会社に入ったら、基本的に、しばらくはそこで過ごすことになります。上司を選ぶことはできませんから、「ロールモデルとなるようなリーダーがいない」と文句を言っても始まりません。

そんな中、いかに働き、生きていくか。

あなたの仕事人生が少しでも充実したものとなるよう、私から提示できることをお話ししていけたらと思います。

「そもそも、何をしたいのか」を考えよう

前項で、私は「優先順位」というキーワードを出しました。**これからの人生を後悔なく歩んでいくためには「優先順位と、優先順位と、優先順位が大事！」と言ってもいいくらい重要なこと**なので、まず、この話をしたいと思います。

自分自身を振り返ってみても、ずっと優先順位を意識してきました。私の人生が周囲の目にどう映っているかはわかりませんが、自分としては割と満足できる人生になっているなと思えるのは、常に優先順位を意識していることが大きいと思います。

当然ながら、すべてが思い通りになってきたわけではありません。この世はままならないものだと悔しい思いをしたこともたくさんあります。

それでも、少なくとも「これも自分が選んだことの結果」と納得することができた。その時々で「自分にとって大切なもの」「自分がしたいこと」を大切にしてきたから、反省はあっても後悔はないのです。

優先順位とは、つまり「自分にとって大切なものは何か」「自分は何がしたいのか」ということです。

こう言うと難しく聞こえるかもしれませんが、優先順位を定めること自体は、まったく難しくありません。それどころか、誰もが、いつもやっていることです。

たとえば、あなたは、朝起きて最初に何をしますか。

トイレに行く、顔を洗う、メールをチェックする、SNSを見る……。

人それぞれだと思いますが、なぜ、それを朝一番にするかといったら、自分の中で優先順位が一番高いから、でしょう。

おそらく「これが一番大事！」と、はっきり意識してはいない。けれども無意識のうちに、人は絶えず優先順位をつけながら生きています。人生において自分の優先順位を大事にしようというのは、言ってみれば、そんな日々の優先順位の拡大バージョンであり、何もまったく新しい技能を身につけようと言っているわけではありません。

もう1つ、**前提として重要なのは「優先順位は変わっていい」ということ**です。むしろ変わるのが自然ですから、ひとたび優先順位を決めたらずっとそれに従って生きるのではなく、常に「自分の優先順位、これでいいだろうか」と自問自答することが大切です。

先に例に挙げた朝の習慣だって、ひょっとしたら「起きて最初にSNSを見る」のは、単なる惰性かもしれません。

そう気づいたのなら、「SNSを見るよりもメールをチェックするほうが大事かも。いやいや、何を置いても、まずトイレに行ってからのほうが、落ち着いてメールをチェックできるかな？」などと優先順位を見直す必要がありますね。人生も同じです。

かく言う私も、いまだに、よく優先順位を自問自答します。

1つ身近な例を挙げると、最近はYouTubeやNetflixにハマってしまって、次から次へと見ているうちに、気づいたら日付が変わっていた、なんてこともしょっちゅうです。

そこではたと思うわけです。「あれ、これって僕にとって、そんなに大事なことだっけ？　考えてみると、今、一番優先順位が高いのは、明朝早くからの仕事。ということは、すぐに寝なきゃ」と。

もし、「今は、この最高におもしろいドラマを一気観することが一番大事だから、夜更かししても観るんだ」ということなら、それでいいのですが、優先順位を見誤ったあまりに、本当はもっと大事な「明朝の仕事」に支障が出るのは避けなくてはいけません。

このように、日常的なことから人生を長く見据えたことまで、常に「優先順位は何か」を自問自答することが大切なのです。

また、**「逆から問うてみる」のも1つの方法です。ある事柄の優先順位がわからなくなったら「それが失われた状態や叶わない状態」を想像してみる。**そこで「すごく困る、苦しい、悲しい」と感じたのなら優先順位が高いということですし、「別に気にならないかも」と思ったのなら、実はそれほど自分にとって大事ではないということです。

会社経営では、常に「会社にとって何が一番大事か」を考え、時代背景や自社の経営状況などに応じて優先順位をアジャストしながら、歩むべき道を見定めることが必要不可欠です。

個人の人生もまったく同様です。「人生」という営みを「会社」という営みに見立てれば、そのＣＥＯ（最高経営責任者）、ＣＦＯ（最高財務責任者）……すべての責任ある権限を持っているのはあなた自身です。

こればかりは、他の誰にも務まりません。「自分にとって何が一番大事か」を考え、状況に応じて優先順位をアジャストしながら歩むべき道を見定めていく。これができるのは、人生という営みの全権限を握っているあなただけなのです。

人生の選択はすべてあなた次第

さて、改めて人生について「大切なものは何か」「したいことは何か」と考えてみると、複数のことが思い当たるかもしれません。優先順位に従って生きようというのは、その複数思い当たったものたちに「順番」をつけて、トップにあるものを一番大切にしていこう、というシンプルな話です。

シンプルなのだけど、言うは易し。本当はあなたの中で何が一番大切なのかがわかっていても、それをトップに据えて生きることが難しい場合もあるでしょう。親の期待に応えることを優先したり、周囲の人たちの目が気になったりして、そう簡単に「我が道」を歩むことができない人も多いようです。

もちろん優先順位はあなただけのものです。もし「親の期待に応えること」や「周囲の人たちの目を気にすること」が本当にあなたの優先順位のトップに来るのなら、それを一番大切にしていけばいいと思います。

たとえば、先祖代々医師の家系であり、あなたも医師になることを親に期待されているとする。その期待に応えることこそがあなたのトッププライオリティであると、心からそう思えるのなら、躊躇《ちゅうちょ》なく医師を目指せばいいでしょう。

ちなみに私の父方の親族には、金融系の仕事に就いている人がたくさんいました。父も銀行員でしたが、だからといって金融系に進むことを期待されませんでしたし、私にもそのつもりは毛頭ありませんでした。

金融系の仕事が嫌だったというより、若いころの私は世間知らずで、金融系の仕事が一体、何をしているのかよくわかっていなかったというのが正直なところです。

就職活動では「自分の好きなことに携わりたい」という気持ちから、ずっと大好きだった自動車と音楽の業界の会社を受けました。迷った末に音楽業界に飛び込むことを決めますが、いずれにせよ、当時の私にとっては、「好きなことに携わる仕事に就くこと」が就職活動で最も優先順位が高かったわけです。

話を戻しましょう。親があなたに期待している道に進むことが、本当にあなたのトッププライオリティならばそうすればいい、というところでしたね。

一番よくないのは、優先順位をつけず、流されるように人生の選択をし、いざあなたにとって好ましくない事態になったときに、「自分にそうさせた親が悪い」「周囲が悪い」「世の中が悪い」と文句を言って責任逃れをすることです。

何であろうと、それを選んだのはあなた自身です。

優先順位をつけず、流されるように人生の選択をした。その結果、あなたにとって

好ましくない事態になったとしても、その道を選んだのはあなたであるという自覚が必要なのです。

どのような選択も自分の責任である。これは、人生のあらゆる局面で言えることです。

たとえば、若手社員は基本的に上司を選ぶことはできません。部下に耳を傾けようとしない上司、やる気がない上司、部下の手柄を自分の手柄にする上司……といったダメな上司を持ってしまう可能性だってゼロではありません。

こうした状況下ですらも、問われているのはあなたの選択です。

「嫌なやつだけど、この人の下で文句1つ言わず一生懸命働いていたら、数年後、誰かに見込まれて引き上げてもらえるかもしれない」と考えてがんばるのも1つです。あるいは、「こんな上司の下では自分が疲弊するだけで成長できない」と考えて転職活動を始めるのも1つでしょう。

こうした思考を経ずに、「嫌だ、嫌だ」と思いながら働いていたら、きっと10年後、どこかの安酒場で「同期のあいつは上司に恵まれて成果を上げているけど、自分は、あの上司のせいで全然うまくいかない」とくだを巻くことになりかねません。

人のせいにしてストレスを発散しているだけで、とても幸せとは言いがたいですね。ときには愚痴を言いたくなるのが人情ですが、このように「誰か」や「何か」に責任転嫁して愚痴を言うような人間にはなりたくありません。

どんな状況であれ、基本的にはあなたが選んできたことの結果なのだから、ほかの「誰か」や「何か」のせいにすることなく、「自分で選んだこと。だから自分の責任だ」と思えるようでなくてはいけない。

手厳しい話だと感じた人もいるかもしれません。でも、**「自分で選んだこと。だから自分の責任だ」と思えたほうが、後悔のない人生、もっと言えば満足のいく人生になりやすい**のです。

なぜなら、そのように思えばこそ、たとえ好ましくない状況になったとしても納得ずくで、「さあ、次はどうするか」「自分の責任において、次は何を選ぼうか」と前を向くことができるからです。

何事においても「誰か」や「何か」にあなたの大切な人生を委ねることなく、常に自分で選択する。感情を持ち思考する人間が「自分の足で自分の人生を歩む」というのは、こういうことだと私は思います。

そして「誰か」や「何か」に委ねることなく常に自分で選択し、後悔のない人生、ひいては満足のいく人生にするためには、やはり先ほどから述べている「優先順位」をつけることが大切なのです。

「何が大切か」「何をしたいのか」という優先順位が、そのときそのときの選択の基準になるからです。

言い換えれば、**自分軸で主体性を持って生きる**ということです。

あなたの人生の操縦席に座っているのはあなた自身です。行き先を決める。どんなルートをたどるのかを決める。ときには前に下した判断を覆して、別の選択をする。大切な操縦桿《かん》をあなた自身が握る心がけが大切です。

もちろん私たちの人生には、生まれた環境などのように、自分自身の力ではどうしてもコントロールできない状況もあるものです。しかし、そのような状況に対しても、どのように対応するかは個々人の判断次第なのです。

「成功のロールモデル」がいなくて当然の現代

自分で優先順位を決めることの重要性は、特に現代において高まっていると言っていいでしょう。

時代を遡《さかのぼ》ってみると、たとえば戦後の復興期は、みんなが同じ方向を向いてがんばっていました。一面焼け野原からの再スタート。とにかく国を立て直し、少しでも生活をよくしていくことが全国民の共通目標でした。

国民総出でがんばって高度経済成長を成し遂げた後にやって来たのは、未曽有《みぞう》の好景気でした。いわゆる「バブル経済期」です。詳しい説明は省きますが、きわめてざっくりと言えば、何をやっても売れる、儲かる、みんなが潤う、そんな時代でした。

そのバブル経済が1990年代初頭に弾けてから、日本経済はずっと停滞しています。

俗に「失われた30年」とも呼ばれる長い長い停滞期。バブル崩壊後に就職し、今、

40代や50代になっている人たちの仕事人生は、丸ごと、この停滞期に収まっています。前に、あなたのご両親や上司はバブル崩壊後に社会人になった世代であると述べましたが、どうでしょう。多くが年代的に当てはまっているのではないでしょうか。40代、50代というと何かしらの管理職に就いている人が多いと思います。

つまり、**今、社内でそれなりの立場にある人たちの多くは、おそらく、働く者にとって「好景気」とはどういう状態なのかを知らない。国として経済的に「勝っている」という原体験がない**と考えられるのです。

これは、いわば「試合に勝ったことがないリーダーがチームを率いている」ようなものです。

実際にバブル経済の金銭的恩恵を享受したかどうかは、あまり関係ありません。「ジャパン・アズ・ナンバーワン」と世界中でもてはやされ、好景気に沸いている空気を吸ったことがあるのと、不景気下のドンヨリと落ち込んだ空気しか知らないのとでは、仕事との向き合い方やマネジメントの方向性は大きく異なって当然です。

そもそも勝ったことがないから、勝っている己の姿を思い描きづらい。勝つためのチャレンジがうまくいったときの高揚感や達成感を知らないから、なかなかチャレンジできない。

これでは、リーダーとして部下を率い、「大胆なことをしてやるぞ！」という気風を持てなくても仕方ありません。

日本社会には、そんな「負けメンタル」が染み付いてしまっているように思えるのです。不景気の中でも成功した企業はあるので、あくまでも一般論ではありますが、全体的に失敗を恐れて小さく縮こまっているような印象があります。

そのインパクトは、実は相当大きいと私は見ています。**バブル崩壊後の「失われた30年」で最も失われ、一国の損失につながってしまったものを具体的に挙げるとしたら、それは「勝ったことのあるリーダーによる大胆なマネジメント」**なのかもしれません。

さて、ここでまた話は「優先順位」に戻ります。

戦後の復興期のようにみんなが同じ方向を向いてがんばるわけでもなく、バブル経済期のように何をやっても売れる、儲かる、みんなが潤うという状況でもない。おまけにマネジメント層には「勝った経験」がない。

そんな背景がある今の社会で、あなたは長い仕事人生を築こうとしているわけです。

だとしたら、なおのこと自分自身がブレないことが大事であるというのは、もう指摘するまでもないでしょう。みんなで共有できる目標も指針もない現代においては、よりいっそう、あなたが定めた優先順位だけが人生の道標《みちしるべ》になりうるというわけです。

第1章

仕事を人生の目的にするな

「自分に合う会社」はあるのか

序章では主に「優先順位」をあなたが定め、自らの責任の下で選択することの重要性について話しました。働く会社を選ぶときも、もちろん例外ではありません。

就職活動は、その時期の経済状況などによって、採用する側が優位の「買い手市場」になることもあれば、採用される側が優位の「売り手市場」になることもあります。バブル崩壊後の日本は、総じて買い手市場が続いていると言えます。

そうなるともう諦めの境地で、「そもそも自分は会社を選ぶ立場にない」「雇ってくれる企業に行くだけ」と思ってしまいそうですが、これはちょっと危うい考え方です。後から「誰か」や「何か」のせいにするようなことになりかねません。

いくら買い手市場であっても、あなたがこれから働く会社なのですから、自分軸で決めることが重要です。すべてが希望通りにならなかったとしても、自分軸の視点で企業を眺めてみることで、少なくとも「その時点での最良の選択」ができるからです。

図1　「自分に合う会社」とは?

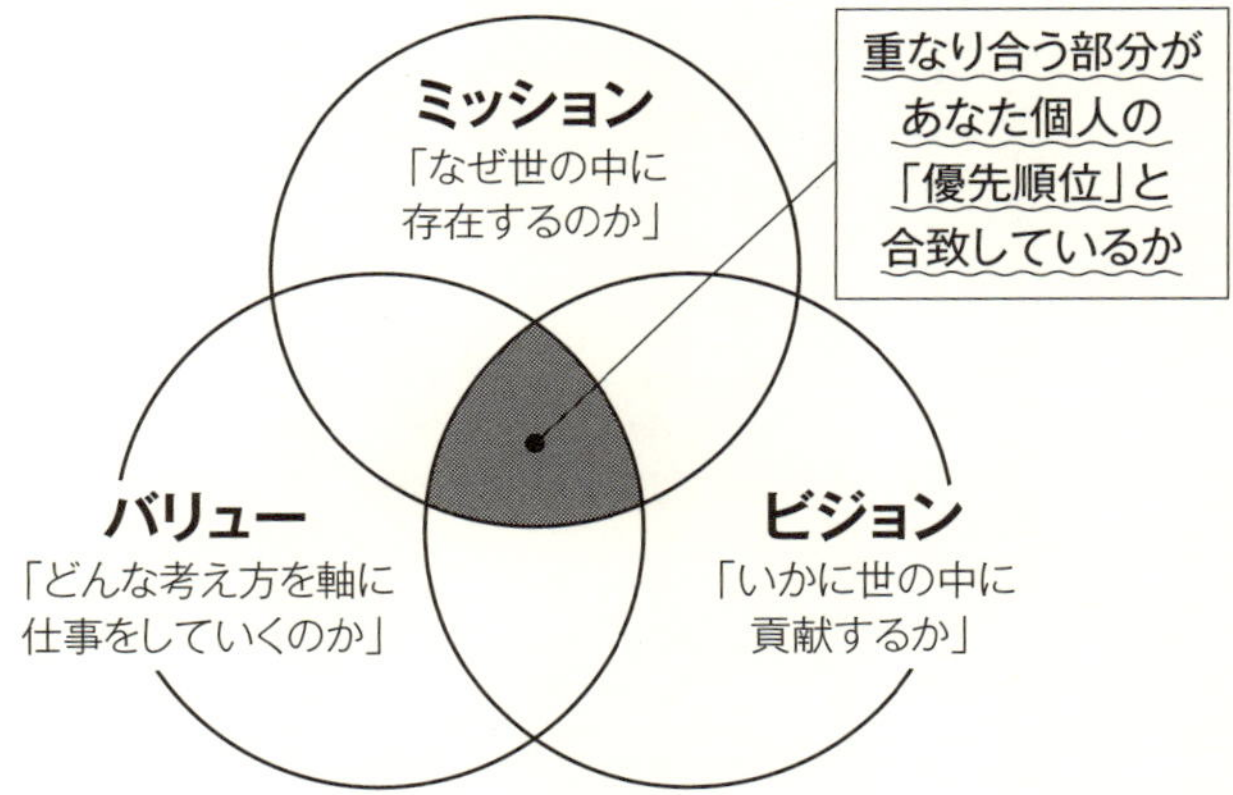

では、働く会社を選ぶ際には、どんな基準で選択したらいいか。私は、**企業の「ミッション」「ビジョン」「バリュー」が、どれだけ自分が大切にしているもの、つまり優先順位と合致するかという視点で考えてみる**ことだと思っています。

まず「ミッション」とは、その企業が世の中に対して果たそうとしている使命。「なぜ我が社は世の中に存在するのか？」という存在意義の部分です。

次の「ビジョン」とは、その企業が描いている将来の展望。「我が社は、いかに世の中に貢献していくのか」という、ミッションを果たしていく道のりの部分です。

そして「バリュー」とは、その企業が大事にしている価値観。「我が社のミッション、ビジョンを体現していくために、どんな考え方を軸に仕事をしていくのか」という社風、企業文化の部分です。

たとえば、あなたの優先順位が「お金を儲けること」だったとします。

その場合、「社会貢献が第一。それをやっていれば利益は後からついてくる」という企業よりも、「とにかく売上を上げて利益を出し、株主にも社員にも金銭的に還元する」という企業のほうが合っていることになるでしょう。

少し極端な例を挙げましたが、「ミッション」「ビジョン」「バリュー」の3点を念頭に企業を眺めてみると、それぞれにだいぶ違って見えてくるでしょう。

違いが見えてくるというのは、個々の企業に対する理解度が上がるということ。そして**理解度が上がれば上がるほど、あなたの優先順位とのすり合わせもしやすくなり、「その時点での最良の選択」ができる**というわけです。

ちなみに私の場合、志望業種を自動車業界と音楽業界に絞った末に、内定をいただけた4社のうちCBS・ソニー（現在のソニー・ミュージックエンタテインメント）に決めた理由の1つは、「社風が一番自由そうだから」でした。

アメリカやカナダ、さらには日本のアメリカン・スクールで過ごしてきた私は、海外在住歴が長かったからこそ、「将来は日本で、日本人として生きる」と心に決めていました。

しかし、それと同じくらい、旧来の日本の価値観でガチガチの環境は窮屈で生きづらいとも感じていたのです。アメリカでもよそ者、日本でもよそ者、どこに行っても「異邦人」という意識が常にありました。

だから、日本企業で働きたいのはたしかだけど、アメリカのように自分の意見や要望を躊躇なく表現できる自由闊達《かったつ》な環境がいい。その点ではCBS・ソニーが一番合いそうだと、企業訪問をしたときから思っていました。

ソニー・ミュージックエンタテインメントは今や、多様な事業を手掛ける大企業になっていますが、私が就職活動をしていた1984年当時、CBS・ソニーだったころは、創立から20年足らずの比較的若い会社で、ベンチャースピリットにあふれていました。社会経験のない当時の私の目にも「何でもやってみよう」という若々しい勢いが見て取れましたし、ユニークな人も多そうでした（実際、入社してみたら、ユニークな人だらけでした）。

就職先をCBS・ソニーに決めたことには、自動車メーカーか音楽業界かで迷っていたときに、父親から「これからはハードではなくソフトの時代だ」というアドバイスをもらったことも関係しています。

ただ、一番の決め手となったのは、やはり、その自由そうな社風でした。先に挙げた3つの基準でいうと、「バリュー」の点で自分の優先順位と合致したことが大きかったのです。

「ミッション」「ビジョン」「バリュー」に着目する

企業の「ミッション」「ビジョン」「バリュー」とあなたの優先順位を照らし合わせて、働く会社を選ぶとなると、当然ながら、この3つが企業側から示されている必要があります。

人を新たに採用しようとしているのだから示されていて当然かと思いきや、実態はそうでもありません。

「ミッション」「ビジョン」「バリュー」が不明瞭だったり、示されていてもスローガンのように掲げられているだけで有名無実化していたり……。残念ながら、そういう企業も多いようなのです。

私は企業のマネジメント層向けの講演を依頼されることも多いのですが、「上層部では共有されている理念や企業文化が、現場の社員にまで浸透していない」といった悩みをよく耳にします。

社員一人ひとりにまで浸透していなければ、それは上層部の自己満足にすぎず、「我が社のミッション、ビジョン、バリュー」として掲げることはできないでしょう。厳しい見方かもしれませんが、そう言わざるを得ません。

今は転職が当たり前になっているとはいえ、やはり「**最初にどんな企業で働くか**」**は、その後の仕事人生にも大きなインパクトを与えるくらい重要**です。よくも悪くも、最初の会社で社会人としての基礎が築かれるからです。

そうであるからには、選択の基準となる「ミッション」「ビジョン」「バリュー」は何か。それらは有名無実化したスローガンではなく、実態を伴うものとして企業に根付いているのかどうかを、はっきりさせておきたいところです。

その格好の機会は企業訪問でしょう。基本的に人事部や上層部が行う採用面接とは違い、企業訪問は、現場で働いている人たちから直に話を聞けるチャンスです。「働きやすいか」「上司とはどういう関係か」「残業はあるのか」など、素朴に気になることを聞いてもいいのですが、せっかくの機会です。「企業案内を読むと、こういうスローガンが掲げられていますが、どういうことだと思われますか」「ここで働くことに、どんな意義を感じていらっしゃいますか」など、もっと根本的なこともどんどん聞くといいでしょう。

企業案内でわかるのは、あくまでも、その企業の「こうありたいという理想像」です。

では実際のところはどうなのか、というのは現場を見てみないとわかりません。

企業として「こうありたい」という理想像が現場でも共有されており、かつ一人ひ

とりがスローガンの棒読みではなく、イキイキと自分の言葉で語ってくれたなら、その企業の「ミッション」「ビジョン」「バリュー」は企業文化として根付いていると見ていいでしょう。

でも、もし「そんなのは上層部が勝手に言っているだけ」「たまに社長が訓示で言うだけ」などといった答えが返ってきたり、スローガンを読み上げているだけに聞こえたりしたら、現場には浸透していないと見たほうがいい。いくら企業案内の内容に共感していても、入社してから失望する可能性が高いでしょう。

就職戦線が厳しいと焦りが募るのはわかります。理想と現実の狭間《はざま》で妥協点を探るという難しさに20歳そこそこで直面するとは、なんと過酷なことかとも思います。

それでも、大事な社会人初期を過ごす会社はシビアな目で選択したほうがいい。あとあと「こんなはずじゃなかった」と後悔しないために、なるべく最良の第一歩を踏み出せるよう、ぜひ、ここで述べた3つの基準を念頭に置いて判断してください。

「スメルテスト」──入社後もチェックは続く

前項を読んで「入社前にそこまで見極めるのは無理」、あるいは「そんなこと考えずに会社を選んでしまった」などと思った人もいるかもしれません。

たしかに、就職活動中に「ミッション」「ビジョン」「バリュー」をたしかめようとしたが、漠として見えてこない。それでも内定をもらえたから入社してみたところ、徐々に実態が見えてきた、という場合も考えられます。

あるいは、就職活動中に「ミッション」「ビジョン」「バリュー」の基準で会社を見極めなかった(これらの基準を知らなかった)。そこで内定をもらえた会社に入社したところ、徐々に実態が見えてきた、という場合も考えられます。

いずれにせよ、もう入社してしまってからでは手遅れ、後の祭りかと言ったら、もちろん、そんなことはありません。

最初に入った会社に生涯を捧げなくてはいけないなんてルールはないのですから、

入社後に「この会社は自分に合わない」と思ったら、社歴にかかわらず転職という選択肢を取ってもいいわけです。

企業文化とは強固なもので、そうそう変わりません。ですから、まず、その企業のあり方にあなたが共感できるかどうかを考えてみる必要があります。

「ミッション」「ビジョン」「バリュー」を頭の片隅に置き、周囲の人たちにも目を向けながら仕事をする。その中で、この会社は決定的に自分と合わないと思ったのなら、せっかく採用してくれた会社でも、あなたとは良縁ではなかったと見なしたほうがいいでしょう。

1つ気をつけてほしいのは、「ちょっとでも嫌なところが見つかったら、即、転職」というのは無鉄砲すぎるということです。脊髄反射的な見切り発射で転職をしても、おそらく次の会社でも何かしら嫌なところが見つかり、転職を繰り返すことになるでしょう。

これでは一定のスキルセットや知識・経験を獲得できぬまま、根無し草のようにふわふわと会社から会社へと渡り歩きながら、ずっと「入社1年目の新人」を続けることになりかねません。仕事を覚え、成果を出せるようになるごとに社会人として大成していくという、真っ当なキャリアを築けないのです。

では、入社した会社に共感できない。「ミッション」「ビジョン」「バリュー」に違和感を抱いた。そういう場合は、どうしたらいいか。

英語には「スメルテスト（smell test）」という言葉があります。

新鮮な期間を過ぎて、劣化が始まっていると見える食べ物をクンクンと嗅いで、

・「ちょっとだけ臭う気がするけど、腐ってはいないから食べられる」→食べる

・「明らかに臭う。食べたらお腹を壊す可能性が高い」→捨てる

という具合に「食べられるかどうか（食べるかどうか）」を判断する、というものなのですが、これは会社の見極めにも適用できると思います。100%あなたに合う会社など存在しません。あったとしても、きわめて稀《まれ》です。その中で、

・「ちょっとだけ違和感はある（ちょっとだけ臭う）が、すり合わせることはできる（腐ってはいないから食べられる）」→もう少し働いてみる

・「明らかに合わない（明らかに臭う）。働き続けたら心身を病む可能性が高い（食べたら

お腹を壊す可能性が高い)」→辞める

要するに**「合う・合わない」は程度問題であり、スメルテストで、その程度が「すり合わせできる程度」なのか、「今すぐ転職を考えたほうがいい程度」なのかを見極める**ということです。

ちなみに、この「会社スメルテスト」は、ダメ上司を持ってしまったときにも使えます。

やりがいもなければ、個人の成長にもつながらない無意味な作業、いわゆる「ブルシット・ジョブ」を振られても、とりあえずは一生懸命取り組むことが重要なのですが、これもやはり程度問題です。あまりにもひどい場合は、上司に飼い馴らされ、使い倒されるだけの「社畜」と化す危険があります。

だから、ダメ上司の下でブルシット・ジョブを与えられた場合も、「まだ大丈夫。周りも見ていてくれるから、がんばろう」という程度なのか、それとも「このまま行ったら社畜化する」という程度なのか、「社畜スメルテスト」をする。物事に対する許容度は人それぞれですから、この見極めは感覚に従ってかまいません。

「スメルテスト」とは、疑いもなく食べ物を口に入れるのではなく、いったん「ちょっと待てよ？」と思いとどまって臭いを嗅いでみるという行為です。この事例で言えば、**会社や仕事の「臭い」を「嗅いでみる」のは、要するに、あなたと会社、あなたと上司（振られた仕事）を、一歩引いた視点から客体化して眺めてみるということ**です。

この発想があれば、共感できない会社や、部下を伸ばせない上司に無自覚・無批判のうちに巻き込まれず、冷静に「この状況は自分にとって望ましいのか」「残るべきか、去るべきか」を判断できるでしょう。

世の中について勉強したか否かで差がつく

学生のうちに、できるだけ世の中のことを勉強しておくに越したことはありません。これは私自身の反省からも言えることです。

私の大学生活はアルバイト三昧でした。車が大好きで早く自分の車が欲しかったし、友だちともたくさん遊びたかった。アメリカとカナダの帰国子女で英語ができたので、英会話スクールの講師をしたり、海外向け日本製品のマニュアルを英語に翻訳したりと、お金を稼ぐために忙しく過ごしていました。

もし、そんな当時の私が目の前にいたら、言いたいことはただ1つ。それが「**世の中のことをもっと勉強しよう**」ということなのです。

大学に入ったばかりのころ、私は「自分は何も知らないんだ」と痛感していました。

幼少期をアメリカやカナダで過ごし、日本ではアメリカン・スクールに通った。それで「世界」を見知ったような気になっていたけれども、実際に私が体験した海外は北米のみ、もっと言えばアメリカの2都市とカナダの1都市だけです。つまりは、世界のほんの一部を少しかじったにすぎません。

私が通っていた国際基督教大学（ICU）という大学には、様々なバックグラウンドの学生がいました。国際色が豊かで、しかも優秀な人ばかりでした。そこで私は自分の知識不足を実感するだけでなく、実際にもっと世の中のことを勉強すべきでした。

ところが、「自分は何も知らない」ということを自覚しながらも、アルバイトにかまけてしまった。興味があることについては勉強しましたが、社会全般に関する知識を身につけるという点では、若さゆえの欲——お金が欲しい、遊びたいという欲に負けてしまったわけです。

その代償を思い知ったのは社会人1年生になってからのことでした。

入社したての私に多くを求める人は誰もいないので、「こんなことも知らないの？」とは言われません。

でも自分がどれほど知識不足であるかは、指摘されなくても、自分で痛いほどわかります。たびたび「社会の仕組みをほとんど知らずに社会人になってしまったんだ」「学生のころにもっと勉強しておけば……」と後悔の念にかられたものです。

若いうちは世の中のことなんかよりも、目の前の楽しみに関心が向くものです。きっとあなたもそうでしょう。若いうちにしかできないこともあるので、大いに今というときを謳歌《おうか》してほしいとも思います。私自身、アルバイトを含め、大学の外での活動はすべて貴重な体験だったと今でも思っています。

大学の勉強（先述の通り、私はあまり熱心ではありませんでしたが）にアルバイトに遊びと、若い人たちは若い人たちなりに忙しく過ごしている。それは承知の上で言わせてもらうと、意識を少しでも世の中に向けてみてほしいのです。**私たちが生きているこの社会、世界の仕組みにもっと興味を持つこと。もし新聞を読んでいないのなら、毎日、新聞に目を通すことから始めましょう。**

そして、政治でも経済でも何でもいいから深掘りしてみる。1つ深掘りしてみると、その知識が別の事柄に対する関心につながり、また深掘りするという具合に見識が深くなっていきます。

こうして「今から蓄えていく知識」が、ゆくゆく社会人になったとき、あるいは入社2年目、3年目となったときに、大きなアドバンテージとして効いてくるのです。

「大きな投網」を投げよう――やりたいことの叶え方

楽しい学生生活も後半に差し掛かると、いよいよ就職活動が始まります。といっても、まだ社会経験がないので、自分には何が向いているか、何が得意なのか、何が好きなのか、すべてにおいて手探りで希望業種を絞ることになるでしょう。

図2　就職は「一本釣り」ではなく「投網漁」と考えよう

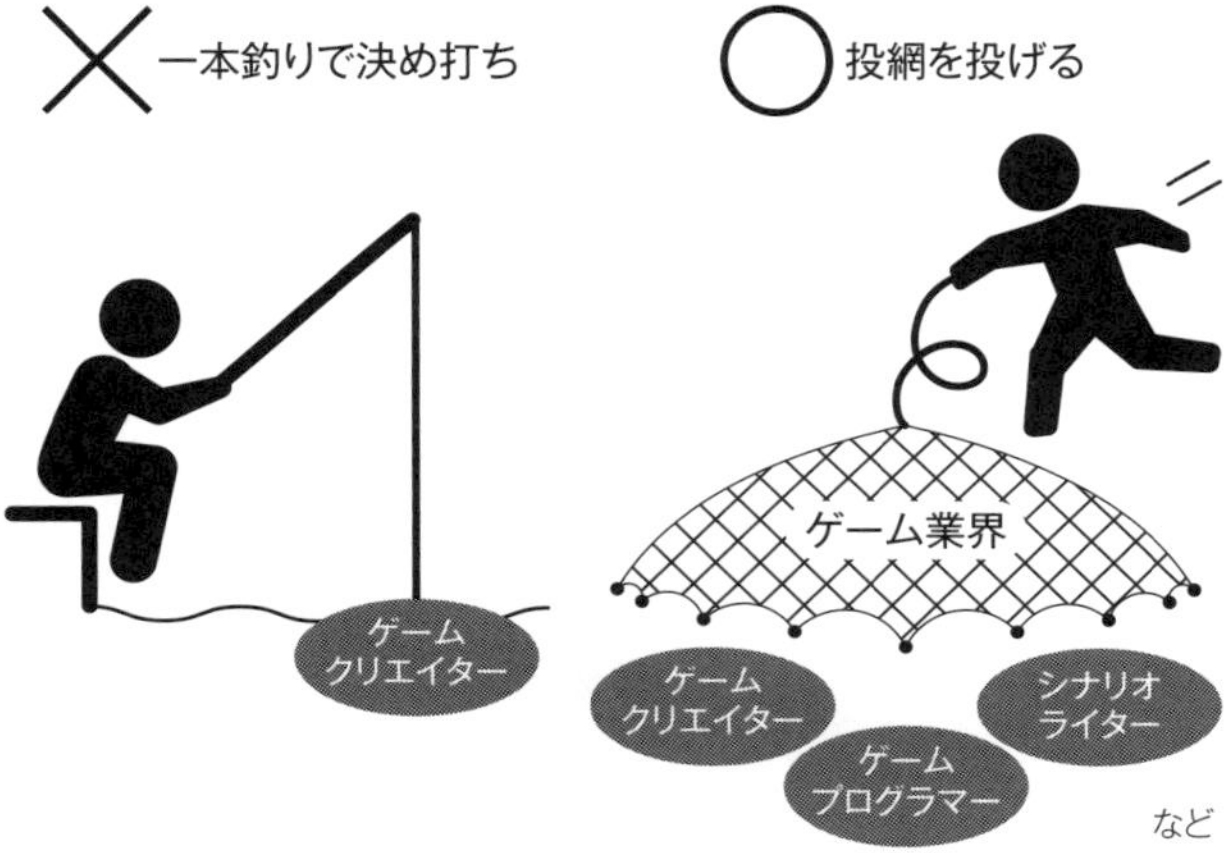

ここでおすすめしたいのは「大きな網」を投げることです。どういうことかというと、希望の職種をあまり絞り込みすぎないほうがいい。**就職は「一本釣り」ではなく「投網漁」と考え、しかも投げる網は大きいほうが実は希望は叶いやすい**のです。

本書の最初から述べてきた「優先順位」の重要性と矛盾するんじゃないかと思われるかもしれませんが、そんなことはありません。

たとえば「ゲームが大好きだからゲームクリエイターになりたい」と考えたとします。そのために必要な勉強や経験を積んだけれども、残念ながら、ゲームクリエイターの募集枠が少なかったことも影響して選考に残ることができなかった。

選択肢を「ゲームクリエイター」1つに絞っていると、この時点で希望は絶たれ、何年も追いかけてきた目標を諦めることになります。

でも、大きな網を投げていたら、どうでしょうか。この場合は、希望職種を「ゲームクリエイター」ではなく「ゲーム業界の何か」としておく、ということです。

ゲーム業界は何百種という職種によって成り立っています。ゲームクリエイターにはなれなくても、その何百種という職種に携わる人たちの一員になれたら、少なくとも大好きなゲームのそばに身を置くことはできるのです。

最初に「ゲームクリエイターになりたい！」という夢を持つこと自体は否定しません。

ただ、**希望通りにならなかったとしてもすべてを諦めなくていいように、第2、第3の選択肢を持っておく。すると自分では思ってもみなかった形で、好きなものに携わるという夢が叶う場合もある**という話です。

学生のころ、私は大好きな「自動車」か「音楽」か、どちらかに関わる仕事がしたいと思いました。

結局「音楽」を選ぶことになるのですが、そもそも楽器が弾けるわけでも作曲ができるわけでもありません。音符すら読めないというくらい音楽の基礎知識に欠けていたため、音楽を「演奏する側」にも「プロデュースする側」にもなれないことはわかっていました。

でも、音楽が制作されて世に出るまでには、「演奏する側」「プロデュースする側」以外にも、実に多くの職種が関わっています。CBS・ソニーでの私の主な仕事は、法務関係の事務方でした。

ご覧の通り、音楽を演奏する側でもプロデュースする側でもありませんが、音楽が制作されて世に出るまでの過程をサポートする事務方に回ることで、私は、大好きな音楽のそばに身を置いてきたのです。

もし私が、「音楽が好きだから、ギターを習得して、いろんな歌手のバックバンドを務める演奏家になるぞ！」なんて希望を絞り込みすぎていたら、あっという間に夢破れて音楽に携わる仕事自体を諦めていたでしょう。

どのような業界にも、おそらくあなたが想像しているよりもはるかに多くの職種が存在します。就職活動には業界研究も含まれますから、まずは興味を持った業界にはどんな職種があるのかを、つぶさに調べてみるのもいいかもしれません。

この業界で、こういうことをしていきたいという自分なりの展望があることは、実際の入社面接でも役立つでしょう。人事担当者は「あなたは、この会社にどのように貢献できる可能性があるんですか」という視点で人を見ているものであり、それに対して具体的に答えられる人には必然的に好印象を抱きます。

夢や目標に一点集中するという考え方もあるとは思います。しかし、まだそんなに社会経験がないうちは、未知なる可能性を探るという意味でも、やはり大きな網を投げたほうがいいでしょう。

興味を抱いた業界内のどんなポジションで、あなたの能力を発揮できるのかは未知数です。大きな網を投げるというのは、あなたの可能性を押し広げ、やりがいを感じられる仕事人生のスタート地点に立つことにつながっているのです。

仕事は「手段」、会社は「取引相手」

私は「生まれ変わっても、もう一度ソニーで同じ仕事をしたい」と思うくらい、自分を育ててくれたソニーという会社が大好きです。もう引退しましたが、愛社精神は健在です。ソニーに関するいいニュースは、何であれ、今でも我がことのようにうれしく感じます。

仕事をする以上はやりがいを感じられたほうがいいし、会社で働く以上は愛着を持てたほうがいい。自分の仕事、自分が働く会社を愛しながら働ける人は幸せだと思います。

ただし、1つ勘違いしてほしくないことがあります。それは、仕事が人生のすべてと考えるのは違う、ということです。

仕事とは自分のやりたいことを実現するための「手段」。そして会社とは、自分の働きによって利益に貢献する代わりに報酬を得る「取引相手」です。

ここでも優先順位を考えてみてください。

何が自分の人生の優先順位のトップに位置するのか。人によっては「趣味」かもしれない。「家族」かもしれない。いずれにせよ、人はなぜ働くのかといったら、自分にとって一番大切なものを、ちゃんと大切にするためだと私は考えているのです。

私自身、会社に入ったばかりのころも、海外法務担当としてバリバリ仕事をしていたころも、さらには「プレイステーション」のソニー・コンピュータエンタテインメントやソニー本体の社長を任されていた時期ですら、そういう意識で仕事をしてきました。

特に、まだ責任ある立場になかった新人時代は、その意識が強かったと思います。当時から会社も仕事も好きでしたが、「誰よりも仕事をする」というつもりで、やるべきことをきっちりやったら定時に帰っていました。「あいつは定時に帰る」と陰で言われても、気になりませんでした。

私にとっては、ずーっと会社に居残って仕事をするよりも、はるかに大切なことがありました。働いて会社から得たお金を使って家族を養う、旅行に行く、家のローンを払う、好きな車を買う――などなど、プライベートを充実させることの優先順位のほうが高かったのです。

この点を取り違えて、**仕事が自分の人生のすべて、会社が自分の世界のすべてという意識になると、おそらく、あまり幸せなことにはならないでしょう。**会社やポジションにしがみつきたくなったり、定年退職した途端に何をしたらいいかわからなくなったりと、ゆくゆくは自分の人生を見失いかねません。

仕事は「手段」、会社は「取引相手」という私の考え方は少し極端に聞こえたかもしれませんが、仕事が自分の人生を形作る要素の1つにすぎないことは事実です。ならば人生をそれ1色にせず、少し割り切って捉えてはどうだろうか、というのが私からの提言なのです。

「優先順位」はいつでも変えていい

あなたの周りには親も友人もいる。会社に行けば上司という指導役がいて、何かと相談できる先輩社員や同期もいる。これくらい恵まれた環境にいたとしてもなお、結局のところ、あなたを助ける最良の人間はあなた自身です。

あなたの人生に起こるほとんどすべてのことが、あなたの選択の結果であり、あなたに責任がある。この意識を持って自分で自分をコントロールすることが、後悔のない人生を形作っていくといっていいでしょう。

あまりいい例ではないかもしれませんが、次のような状況を思い浮かべてみてください。

車を運転していて、左折しようと思ったら、横断歩道を人が渡っていたので一時停止した。ところが、歩行者が道を渡り終える前に、すぐ後ろの車にうるさくクラクションを鳴らされたので発進したら、歩行者に接触してしまった。

果たして、この事故の責任は誰にあるのでしょうか。もちろん自分ですね。いくら「クラクションを鳴らされたから発進してしまったんだ」と主張しても、責任の所在は変わりません。後続車の運転手はお咎めなしです。

人生にも同じことが言えると思います。

誰も歩行者を傷つけたくありませんから、いくら後ろの車にクラクションを鳴らされたって発進しません。それと同様に、後から「誰か」や「何か」のせいにして後悔するくらいなら、いくら周りから何を言われようとも、常に自分の価値観に従い、自分の責任において選択する。自分の人生を自分で操縦するとは、こういうことでしょう。

そして、**後悔のない仕事人生を送っていくには、いったん何かを選択したらおしまいではなく、いつでも自分は「何を大切にしたいのか」「何をしたいのか」「どこに行きたいのか」を考えることが大切**です。

というのも、優先順位は「変わってもいい」もの、もとい「変わるのが当たり前」のものだからです。ライフステージの変化や自分自身の内的変化などにより、いつでも優先順位は変わりうるものであると心得ておいてください。

たとえば、独身のうちは「趣味」だった優先順位が、結婚後には「家族」に変化する。それに伴い、手段としての仕事も、「独身生活を謳歌するためのもの」から「家のローンや養育費を払うためのもの」へと変わる。

これはあくまでも、ほんの一例です。昔に比べると今は生き方が多様化しているので、こんな絵に描いたような変化ばかりではないでしょう。

ともあれ、人間は絶えず大なり小なりの変化を続けているものですから、優先順位も、それに従って変化して当然です。何度でも変わっていい。「初志貫徹」なんて意固地に考える必要もありません。

何となく流されるままに生きて、気づいたら50歳。あっという間に60歳。そして定年を迎えたときに「あれ、自分の人生、何だったのだろう」なんて思わないためにも、若いうちから常にあなたの優先順位を意識し、それを念頭に置いて仕事人生を歩んでいきましょう。

自分軸で生きていくための学び方

この先どんな人生を歩むのかを考えるには、情報収集も欠かせません。仕事1つを取っても、自分が関心のある業界はどんなところか、いかなる職種があるのか、将来性はどうか等々、知っておきたいことは山ほどあります。

それにしても、現代は情報化社会です。まるで洪水のように大量の情報が溢《あふ》れかえっている。油断すればすぐに溺れ、流されてしまうでしょう。**情報を受け取る側の主体性が、いまだかつてなく重要になっている**と感じます。

主体性とは、言うなれば自分の軸を持つということです。

流れ込んでくる情報を無条件に信じるのではなく、すべての情報を1つの思考材料とする。一定の距離を保って情報に接し、まるで目の前に並んだ材料から料理を作る料理人のように、情報という材料を使って自分の意見を構築するということです。

そのためには、まず、**できるだけ伝聞情報には頼らず、あなたの目で確認すること。**伝聞情報は、どこまで行っても「〜らしい」「〜のようだ」の域を出ない曖昧なものであり、あなたの意見を構築する思考の材料とするには危うすぎます。

特に、インターネットで手軽に大量の情報が手に入る現代においては、この「現地現物主義」が非常に大切です。ネット検索だけで情報収集を完了させる人が多い中、「自分の目で見てたしかめた情報」は強力な思考材料となり、それを元に形成される意見の確度も格段に高くなるでしょう。

ただし、世の中にはあなたの目で見て確認できないこともたくさんあります。そういうときは、できるだけ多角的な情報に触れることです。**1つのウェブサイト、1つの新聞、1つの雑誌というように偏らず、主義主張や思想の異なる複数の情報源に触れる**ようにしてください。

人間には、自分が信じたい情報だけを無意識のうちに選別して信じ、信じたくない情報には耳を塞《ふさ》ぐという心理傾向があります。これを「確証バイアス」と呼びます。たとえば自動車業界に関心があるとしましょう。できれば自動車業界に就職（あるいは転職）したいという好意的な関心です。そんな目でもって自動車業界を眺めてみると、どうなるでしょうか。

車は間違いなく人間が生み出した最高の文明の利器の1つであり、人々の生活の利便性を格段に向上させました。しかしガソリン車には、燃料を燃やす際のCO_2排出が地球温暖化を加速させる要因になるという一面もあります。

自動車業界に関心があるのなら、ポジティブな面にもネガティブな面にも目を向けた上で、それでも就職（転職）先として選びたいのかを考えなくてはいけません。

ところが、初期設定に「自動車業界に関心がある」「できればそこに就職（転職）したい」という好意があると、自動車業界のポジティブな面しか見ない、それしか信じないという思考になりがちなのです。

こうした確証バイアスが働くのが人間であるということを、まず理解しましょう。そして、だからこそあらかじめ複数の情報源を持って、多角的・俯瞰《ふかん》的に物事を捉えられるような環境を整えておく。**本当なら目にしたくない、信じたくない情報も、あえて目に入ってくるようにしておくことが、より確度の高い意見、選択、判断の土壌となる**でしょう。

オン・オフの切り替え方

仕事だけを生きがいにしないこと。働き方のヒントを提示する本書で、あえてこう述べてきたのは、あなたに「オフの時間」も大切にしてほしいからにほかなりません。

かつては仕事のため、会社のために、プライベートを犠牲にするのが当たり前でした。そんな中で「仕事は手段、会社は取引相手」と割り切って働いていた私は、当時のサラリーマンとしては珍しいほうだったのかもしれません。

しかし、今はもうプライベートを犠牲にしてまで働くような時代ではありません。社内には昭和の空気をいまだに引きずっている年配の社員もいるかもしれませんが、彼ら・彼女らの価値観に合わせる必要はないでしょう。

仕事をする時間は、自分の給料分くらいは稼ぐつもりで一生懸命、働く。それが済んだら、さっさと退社して好きなことに時間を使う。オンとオフをきっちり切り替えて、プライベートの時間に仕事が入り込まないようにする。これでいいと思うのです。

職種によっては、完全なる切り替えが難しい場合もあるでしょう。たとえば企画職などは、日常生活の中に企画のタネが見つかることが珍しくないため、常に意識のどこかに仕事を置いておくことが生産性向上につながると感じている人も多いと思います。

ただ、これも工夫次第だと思います。完全にオフに切り替えるのは難しくても、たとえば休日は仕事のメールを見ないようにする。これだけでも、仕事の無用な支配率をかなり低減させることができるでしょう。

また、今はSlackやTeamsといったチャットツールで仕事のやり取りをしている人も多いと思いますが、気軽に文面を送信できるというのも良し悪しのようです。

定型文なしの短文で要件のみを伝えられるというメリットがある反面、ちょっとしたことでも、おしゃべり感覚で送られてくるのが煩わしい。「既読」を付けたらすぐに返信しなくてはいけない。それが面倒ならメッセージを開かなければいいかと思いきや、緊急連絡の可能性もあるため、一切見ないというわけにもいかない。こんな声をよく耳にします。

もしかしたら、電話しか連絡手段がなかった時代よりも、メールが主な連絡手段となった時代、さらにはチャットツールがある今のほうが、オフ時間にオンが侵食してくる度合いは強まっているのかもしれません。

では、こういうのはどうでしょう。

休日は仕事で使っているメールやチャットツールを開かない。あるいはすべてミュートにする。仕事関係の人たちに、そう宣言した上で「どうしても連絡が必要な緊急時は、こちらまでお電話ください」と電話番号を知らせておくのです。

文字ベースのコミュニケーションが通常になっている今、直に電話をかける心理的ハードルは昔よりも格段に高くなっているはずです。そこを逆手に取って、休日は本当に「どうしても」なときにしか仕事の連絡が来ないようにしておくわけです。この防御線を1つ張っておくことで「週明けでもいいはずのやり取りを、なぜか土日にしている」という状況は限りなくゼロに近くなるでしょう。

ただし**前提として「そういうことができるような信頼関係」を築いておくことが重要です。**どれほど寛容な上司であっても、普段の仕事の中できちんと関係性ができていなければ、さすがに許してもらいにくいでしょう。

したがって、これは普段の仕事で真面目に取り組む姿や密なコミュニケーションを通じて上司との信頼関係を築いてから、ようやく活用できる「ちょっと強引だけど効果的なオフの確保法」ということになります。

その際には、「一方的に通達する」のではなく、「相談して許可を取る」という形に持っていくといいでしょう。

たとえば、「休日はなるべく仕事モードをオフにしたいので、もちろん緊急時の電話には出ますが、メールやチャットは見なくてもいいですか？　それでも仕事に支障が出ないよう、平日にしっかりやります」という具合です。

社会人人生は長い道のりです。**最初のうちは思うようにならなくても、1つずつステップを踏み、徐々にあなたにとって働きやすいように仕事環境をマネジメントしていけばいい**のです。

スランプ、マンネリの乗り越え方

入社したてのころは何もかもが新しくて、ついていくだけで精一杯です。それが、だいぶ仕事にも慣れて、ある程度、仕事を任せてもらえるようになってくると、誰もが必ずといってぶつかる壁があります。

「最近、なんだか仕事がおもしろくない」「調子が上がらない」——こうしたマンネリやスランプは、すべての働く人にとって無縁ではないものです。

仕事の中で感じている不調は、仕事の中で乗り越えるのが一番、もっとできるようにならねばと自分を追い込もうとしても、肝心のやる気が出ない。より高い目標を掲げ、がんばってみても空回り。そうしているうちに焦りばかりが募る……。

そんな姿が思い浮かんでしまいますが、実は、もっといい方法があります。**仕事のがんばり具合は変えずに、仕事「外」のところで新たな刺激を得る**といいでしょう。マンネリもスランプも、新たなチャレンジや新たな刺激を得られないときに感じるものです。仕事上、常に新しいチャレンジ、新しい刺激があればいいのですが、残念ながら、そういう職場環境で働ける人ばかりではありません。

適時、社員に新しいチャレンジをさせるというのは、マネジメント側の義務と責任であり、一社員がコントロールできる範囲は非常に限られています。現に、自分は新しいことをやってみたいのに、上司が首を縦に振ってくれないという話は珍しくありません。

かといって、「うちの会社は、全然新しいことにチャレンジしようとしない」と腐っていても仕方がありません。

コントロールが利かないことで悩んだり腐ったりしても、ネガティブの無限ループにはまるだけ。ならば、**コントロールの利くところでアクションを起こしたほうがずっと建設的ですし、精神衛生上も健全**です。

どうしても腹に据えかねて、もっとあなたに合った環境があると思うのなら転職活動を始めるのも1つの選択肢です。そこまでの決断は下しかねるということなら、まずは仕事「外」のところで新しい刺激を得るのはどうでしょうか。

たとえば、ずっと続けていた趣味の世界で新しいことにチャレンジしてみる。新しい趣味を始める。あるいは引っ越しをして住環境から心機一転を図る、など。

いくら「オン」と「オフ」を切り分けていても、その両方を横断的に生きているのは一人の自分ですから、「オフ」で得た新たな刺激は「オン」にもインパクトを与えます。

仕事「外」で新鮮な刺激を得るだけでも、仕事で生じていたマンネリ感、スランプ感はかなり低減されるでしょう。そこで、また気持ちも新たに仕事に取り組むことができれば自然と調子も上がっていく。人間、そんなものなのです。

第2章

仕事の基礎力の養い方

すべての人に採用された理由がある

社会人になると、人生における仕事の重み、組織に対する義務や責任、さらには社会に対する義務や責任などが格段に増します。遅かれ早かれ、そう実感することになると思いますが、もし社会に出る前に本書を読んでいる人がいたら、ぜひこのことは覚えておいてください。

その上で、入社1年目からの仕事の基礎力の養い方を、本章ではお話ししていきます。

まず、絶対に忘れないでほしいのは、「**自分がこの会社に採用されたことには理由がある**」ということです。といっても運命や引き寄せの法則といった見えない力の話をしているのではなくて、きわめて現実的な話です。

書類審査と何度かの面接試験を経て、採用された。それは、採用する側に「この人と働きたい」「ぜひ我が社の一員になってもらいたい」と思われるだけの理由が、あなたの中にあるということです。

採用とは、いわば出会いです。あなたも会社を選んだし、会社もあなたを選んだという相思相愛によって雇用・被雇用関係が成立したから、あなたは今、この会社にいるわけです。

「何を当たり前のことを……」と思われたかもしれませんが、この前提意識が、いずれあなたを勇気づけ、助けることがきっとあるでしょう。

たとえば、仕事がうまくいかなくて自信を失いかけたときや、「自分は今、ここで一体何をやっているんだろう」という疑念や不安が生まれたとき、隣の芝が青く見えて転職が頭をよぎったときなどに、今、お話ししたことを思い出してください。

会社は長い目で見てあなたを有能な人材に育てるべく、労力もお金も費やします。となれば、あなたもそれ相応にコミットしなくては道理が通らない。アルバイトだったら「なんか合わないな、やーめた」というのが許されますが、会社の場合は、そうはいかないわけです。

誤解のないよう、念のため言い添えておきますが、これは転職を考えてはいけないということではありません。

ただ、**相応の理由があって採用され、相応の労力やお金をかけて強くコミットされるからには、それに対してどう応えるかは真剣に考えなくてはいけない**ということです。

まずは「しばらく、ここでがんばってみよう」という意識が大切ですし、結果的に転職を考えるにしても、それは、アルバイト先を変えるのとは到底比べものにならないくらい重い選択になるのです。

働く環境をマネジメントしよう

では、そんな入社間もない日々をどう過ごしたら、よりスムーズに仕事人生をスタートさせられるか。それには、**あなたの働く環境を「マネジメントする」という発想を持つ**といいと思います。

当然ですが、会社にはいろんな人がいます。差し当たっては直属の上司と密に付き合うことになるはずですから、まずは、そこからマネジメントを始めましょう。

「マネジメントする？　自分がマネジメントされる側なのに、どうして？」と頭の中が疑問だらけだと思いますが、ここで言う「マネジメント」とは、よりあなたが働きやすくなるように相手をよく観察し、立ち回るということです。

「立ち回る」というと、自分が利益を得るために、相手に気に入られるように計算して行動する、「ずるいやり方」のような印象を持つ人もいるかもしれません。そうではなく、**あなたがどのように接していくかを、相手の状況に合わせて決めていく**、ということです。仕事でもそれ以外でも、良好な人間関係を築くためには、これはとても大切なことではないでしょうか。

上司も人間です。人間である以上は感情や思考の波があります。

そう思ってよく観察してみると、「月曜の朝は機嫌が悪い」「ランチ後はほとんど頭が回っていない」などといった傾向が見えてくるでしょう。また、「今日はずいぶん機嫌が悪そうだ。さては今朝の幹部会議で何か言われたかな」といった日々の具合も、見ただけでわかるようになります。

そうなると、あなたの立ち回り方も変わってくるはずです。

たとえば、上司の念入りなチェックと押印が必要な書類を、よりによって「上司の頭がほとんど回っていないランチ直後」に持って行ったら、ミスの元になりかねません。間違えたのは上司であっても、書類を再作成するなど余計な手間がかかることになるのはあなたです。

あるいは企画書にアドバイスが欲しいとき、よりによって「上司の機嫌が悪い月曜の朝」に持って行ったら、どうなるでしょう。

無下に対応され、有益なアドバイスをもらえないまま「こんなのダメだ！」と企画ごと一蹴される危険性があります。

しかし、機嫌がいいタイミングに持って行っていたら、気前よくいろいろなヒントを与えてくれたに違いありません。ひょっとしたら、すんなり通っていたかもしれません。タイミングを見誤って損をするのは、やはりあなたなのです。

日ごろから上司をよく観察していれば、大事な書類は「頭が比較的クリアなランチ前」に持って行くし、アドバイスが欲しいときは「比較的機嫌がいいことが多い水曜午前中」に打診する、といった立ち回り方ができます。

もちろん、本当に有能な上司ならば、自分の機嫌の善し悪しや頭の回転速度とは関係なく、いつでも適切に対応してくれるでしょう。しかし世の中、そんなにできた上司ばかりではありません。

かといって上司の思考や感情の波が起こらないようにすることは、あなたにはできません。

コントロールできるのはあなたの意識と行動だけですから、相手をよく観察し、物事が最もスムーズに運ぶよう、あなたの行動をコントロールする。これが若手社員に打てる最良の手なのです。

ここで立場を逆転させて考えてみましょう。**上司からしても、よりによって頭の回転が落ちているタイミングに面倒な書類を持ち込まれたり、機嫌が悪いタイミングにアドバイスを求められたりしないのは助かります。**

すると、「あいつが何かを言ってくるときは、なぜかいつも絶妙なタイミングなんだよな」と覚えがよくなるでしょう。覚えがよくなれば、「よし、今度の仕事を任せてみるか」と見込まれてチャンスを与えられる可能性も高くなります。

あなたが少し気を利かせて行動をコントロールするだけで、こうして良好な上司・部下関係が築かれ、仕事面での成長や成果につながっていく。そう考えれば、上司をよくよく観察する労力も、十分に割く価値があると思えるのではないでしょうか。

すべての仕事は、思考も感情も常に揺らいでいる人間同士が協力して、成し遂げられていくものです。ゆくゆくは上司だけでなく、社内外を問わず大勢の人と関わって仕事をしていくことになるでしょう。

そうなったときに皆と協力して円滑に物事を進め、成果を上げていくためにも、入社間もないうちから、相手を観察してうまく立ち回ることを覚えて損はありません。

何事も最初が肝心と言うように、入社1年目は本当に大事な1年間です。

「学校とは違う」ということを日々実感しつつ、会社という環境に慣れ、仕事に慣れ、さらには上司をはじめとした周囲の人々を観察して立ち回ることを体得する。それも会社に人生のすべてを捧げることなく、あなたの優先順位を常に意識しながら――。

この1年間を主体的かつ戦略的に過ごせるかどうかで、その後の仕事人生は大きく変わるといってもいいくらいなのです。

入社3年目までにすべき「社内マーケティング」

入社してから1年、2年と経つうちに、だんだん会社という環境にも仕事にも慣れていきます。前項で述べたように、上司など周りの人たちを観察して立ち回ることを体得すれば、いっそう好スタートを切れるでしょう。

ただし、これはあくまでも「好スタートを切った」ということであり、本当の勝負どころは2年目以降です。

具体的には、**入社3年目までに社内で自分をマーケティングする。**

会社の規模にもよりますが、入社3年目にもなって、社内でほとんど存在が知られていないとしたら少し将来が心配と言わねばなりません。上司や同じ部署の同僚など、すぐ近くにいる人たちだけでなく、他部署にまであなたの所属部署や仕事ぶりを知られていることが、ゆくゆくは効いてくるからです。

つまり、ここで言う「自分をマーケティングする」とは「あなたの存在を知ってもらう」ということ。これには、実は簡単にできて効果絶大な方法があります。

会社では部署の垣根を越えて何かをお願いしたり、尋ねたりすることがよくあります。

そういうときに内線電話やメール、チャットツールで連絡するのではなく、サッと席を立って相手の席まで行き、「すみません、少しお時間をいただいてもよろしいでしょうか。これなんですけど……」と直接話しかける。要は**「顔を見せに行く」**のです。

席まで行って話しかけるというのは、ひと昔前ならば珍しくない光景でした。でも今は、社内でもテキストベースでやり取りするのが主流です。口頭で伝えるとしても内線電話で済ませることがほとんどでしょう。そんな時代だから、いっそう「直接、話しに行く」「顔を見せに行く」というのが効果的なのです。

もちろん、相手が忙しそうにしているときなど、そのようにすべきでないタイミングもあります。

席まで行ってみて、どうにも話しかけづらい様子だったらいったん引く。ただ基本的には、「事あるごとに相手の席まで行く」というのを繰り返す。そうしているうちに、「平井？　ああ、あの何でも直接話しに来る人ね」という印象が根付いていくでしょう。

こんな具合に**徐々に社内で顔を広げるのは、言ってみれば社内で行う「投資」活動**です。

入社して3年もすれば、少しずつ大きな仕事を任されるようになっていきます。そして任される仕事が大きくなるほどに、社内のいろんな職種の人たちに協力を仰ぐ必要性が増えていきます。

入社時から少しずつ顔を広げてきたことが、そこでようやく効力を発揮するのです。まるで投資の利益を後から得るかのように、力になってくれる「人」という大きなリターンを得ることができる。それが仕事の成果に直結していることは言うまでもありません。

新入社員は会社にとって「赤字」である

１９８４年4月、私はＣＢＳ・ソニーに入社しました。そのときに、当時社長だった松尾修吾さんに言われた言葉があります。

「君たち新入社員の存在は会社にとっては赤字なんだ。給料分の仕事はできないからな。だから、早く会社に借金を返せるように、がんばりなさい」

新入社員はまだ右も左もわからない状態ですから、当然、まだ成果を出せません。利益に貢献できないのに、一丁前に給料だけは受け取る。たしかに会社からしたら「赤字」であり、新入社員は会社に「借金」をしているようなものです。

「君たちは赤字」という松尾さんの言葉は、「早く一人前になって成果を出し、会社の利益に貢献できるようになって、その借金を返してください」という激励だったわけです。当時は「はい！　がんばります」と返答したものの、「なんか偉い人がすごいことを言っているな」という程度の認識でした。でも、今なら松尾さんの真意がよくわかります。

その後、私は低迷を続けていたソニーの社長を任されました。新人時代には想像すらしなかった大役を担うことになり、ようやく黒字転換できたときには「松尾さん、これでようやくお返しできたみたいです」とホッと胸をなでおろしたものです。

さて、そんな松尾さんの真意を知ってもなお、「赤字」「借金」という言葉に怯《ひる》んでしまった人もいるかもしれません。

そこで言い換えると、**赤字を黒字にする、借金を返すというのは、要するに期待に応えるということ**です。会社の「投資」に対して、成長、成果というリターンを与えると言ってもいいでしょう。

そもそも、なぜ企業は、利益に直結しない採用活動にお金と人員を割くのか。なぜ即戦力にならない人をわざわざ引き入れ、その育成のためにさらにお金と人員を割くのか。なぜ、何の成果も上げていない新人に給料を払うのか。

すべては会社を成長させるため。もっと視野を広げれば、会社の成長に寄与できるような有能な人材に新人を育て上げることで、日本経済の発展に貢献するためです。

企業が新人の採用と育成に割くお金と人員、そして新人に支払う給料は、すべて先行投資なのです。

ですから、せめて**自分の仕事の概要をつかむまでは、会社から受け取る給料を「仕事の対価、報酬」ではなく「自分の将来への投資」と思ってください。**

前に、「自分が採用されたことには必ず理由がある」と述べました。

企業の人事担当者は厳しく人を見極めています。「誰を採用するか」は「誰に先行投資するか」と同義であり、会社の将来を左右する重大案件。厳しく見極めるのは当然でしょう。下手な人材を採用しようものなら、現場に恨まれます。

内定が出たら、自分では「ラッキーだった」「たまたま面接でうまく話せてよかった」と思うかもしれませんが、人事担当者は、その場のまぐれや、にわか仕込みの面接テクニックに惑わされるほど愚かではありません。

つまり、何かしらの理由で、あなたは投資に見合う「有望株」と見込まれた。基本的には、全員がそうなのです。そしてその見込み通り「高配当株」となり、やがて「この人に投資した分は十分に回収できた」と思ってもらえるかどうかは、あなた次第です。

これを精神論と侮らないでください。「今は先行投資してもらっているんだ」と素直に思えれば、仕事の取り組み方も変わるはずです。早く仕事を覚え、成果を上げられるようになって、会社にリターンをもたらそう。そんな気持ちになれたら、新人としては上出来です。

社内で振られる仕事すべてに意味がある

あなたが採用されたことには理由があるのと同様、**社内で振られる仕事にも、必ず意図や理由があるものです。**

自分としては「この仕事は何のため?」「どうして自分に振られたのか」と疑問に思うこともあるかもしれません。

しかし、まだあなたには仕事のことが何もわかっていません。まず仕事を選別できる立場にないし、仕事の意味や要不要をジャッジできるような知識も経験もない。ですから、**基本的には「何かしらの意図や理由があって、この仕事は自分に振られたんだ」と思ってください。**

あなたがどう受け止めようと、どのみち、やらなくてはいけないのが仕事です。ふてくされていたら、「じゃあ、それはやらなくていいから、もっといい仕事をあげよう」となるのか。なるのなら、いくらでもふてくされたらいいと思いますが、そうはなりません。

どのみちやらなくてはいけないのなら、ポジティブに変換して取り組むに越したことはないでしょう。実際、「なんでこんなことをやらなくちゃいけないんだ」と不満たらたらで取り組むのと、「何かしら意味があるんだろう」と思って取り組むのとでは、その仕事から学び取れるものに雲泥の差が出るものです。

この意識でいることは、新人から中堅になり、ベテランの域に達しても、ずっと大切です。

つまらない仕事を振られて「なんで自分が？」と思ってしまったときも、逆に大役すぎて「どうして自分に？」と思ってしまったときも、「何かしら理由、意図があって自分に振られたんだ」と思えば、前向きに取り組むことができるでしょう。

実は、私自身もそうだったのです。

１９９６年、ソニー・コンピュータエンタテインメント・アメリカ（ＳＣＥＡ）の副社長（のちに社長）になってくれと言われたときには、「え？　僕ですか」と思いました。

かねてより、私はＣＢＳ・ソニーグループの大先輩である丸山茂雄さんの頼みで、「プレイステーション」の北米での展開を手伝っていました。丸山さんは、ソニー・ミュージックエンタテインメント社長などを歴任し、世界的に有名なゲーム機・プレイステーションの誕生に大きく貢献した人です。

やがて丸山さんはＳＣＥＡの会長を兼任するようになり、日本とアメリカを絶えず行き来して経営に当たっていたのですが、さすがに激務すぎたのでしょう。半年も過ぎると「君が社長をやってくれ」と言われました。

当時、まだ35歳と若かったこともあり、私は、自分が社長の器とは到底思えませんでした。きっと現地の社員たちに反発される。でも、あの丸山さんが言うのだから何か理由があるはずだとも思いました。そして、その期待に応えたいと感じて引き受けることにしました。

このときのみならず、2006年にソニー・コンピュータエンタテインメント（現在のソニー・インタラクティブエンタテインメント）の社長を任されたときも、さらには2012年にソニー（現在のソニーグループ）の社長を任されたときも同じでした。

自信なんてなかったけれども、その人事は、何もくじ引きで決まったものではない。誰か一人の独断と偏見で決められたことでもない。錚々《そうそう》たる幹部メンバーの話し合いによる総意で決定されたことには違いありません。

だったら腹をくくるしかない。「尊敬し、信頼している人たちが任せたいと言ってくれているのだから、そういうことなんだろう。がんばって期待に応えよう」という思いだけで、これらの大役を引き受けることにしたのです。

ソニーのような大企業の社長就任時の話をされても、社会人として働き始めたばかりの今のあなたとはかけ離れすぎていてよくわからないと感じてしまったかもしれません。

ただ、ここで私が伝えたかったのは、**どのような立場になっても、どのような仕事を任されても、自分を前進させる意識は基本的には変わらない**ということです。

「そこには必ず理由がある」——一見、つまらない仕事を振られたときも、あるいはあなたには荷が重すぎると思う仕事を任されたときも、さらには社長のような大役を打診されたときですらも、そう信じることで熱心に取り組むことができるでしょう。

失敗したっていいのです。若いうちは、もしかしたら、そこで失敗させることにこそ上司の意図がある可能性も高い。実際、**本当に目端の利く上司は、往々にして、絶妙なタイミングで絶妙な失敗を部下に体験させるもの**です。

ただし1つ厄介なのは、仕事を振る側の資質もピンキリであることです。

現実問題として、何の考えもなしに仕事を振る上司も少なくはないでしょう。いわゆる「ブルシット・ジョブ」を平気でさせる上司に当たってしまう可能性もあります。

そんな場合が疑われるときも、「何か理由がある」と信じて熱心に取り組むべきか。

結論から言えば、「熱心に取り組む」という部分については「イエス」です。つまり「理由がある」と信じられなくても、熱心に取り組んだほうがいい。

こう聞いて、「理由がある」と信じられなければ、熱心に取り組むこともできないと思ったに違いありません。しかし1つだけ間違いないのは、どんなにその仕事が無意味に思えても、上司に楯突くのは得策ではないということです。

そもそも仕事は「手段」、会社は「取引相手」です。現実問題として無意味な仕事を振られる可能性もゼロではない以上は、「給料がもらえるんだからいいや」と割り切る心構えをしておくことも、仕事人生を前向きに進めていく上では役立つでしょう。

特に入社1〜2年の間は、与えられた仕事にはすべて一生懸命取り組み、最初から最後まで責任を持ってやり切る。そういう姿を見せることが大切です。なぜかというと、そんな姿を上司のみならず、周りの人たちが見ているからです。

前にも述べたことですが、誰も入社したての新人に成果など期待していません。では何を見ているのかというと、「仕事に対する姿勢」です。一生懸命に取り組めるというのは、仕事において最も重要な資質です。**どんな仕事も文句を言わず、嫌な顔もせず、とにかく一生懸命やる人かどうか。そこを見極められている**のです。

そういう意味では、つまらない仕事に熱心に取り組むのも、自分の社内マーケティングの内と考えるといいでしょう。「あいつは、いつも一生懸命だ」と評価されている人には、必ず、やりがいのある大きな仕事が回ってくる。そういうものです。

伝書鳩になってはいけない

誰も新人に成果など期待していないといっても、「いかに仕事をするか」で評価が分かれることは間違いありません。実のところ、仕事を覚える前の段階でも「できる人材になりそうかどうか」は、仕事の取り組み方から、ある程度は窺い知れるものなのです。

社内の誰かへの連絡の仕方1つを取っても、それをどのようにするかで評価は分かれます。

この点については先に私の失敗談を知ってもらったほうが、話が早いでしょう。

入社1年目のある日のことです。

当時、私は海外渉外を担当する「外国部」という部署に所属していました。

主な業務は、海外アーティストの日本でのプロモーションを手伝うことでした。具体的には、取材のセッティングや、ラジオや音楽番組の出演のアレンジメントなどですが、それらを実現するには、アーティストが所属しているレコード会社にあらかじめ話を通しておく必要があります。

アーティストのマーケティングを担当している洋楽部のディレクターから「あの雑誌の取材を受けてほしい」「この番組に出演してほしい」という要望を受けたら、外国部から本国のレコード会社に連絡を取り、許可を得るというのが大まかな仕事の流れでした。

さて、そのときは、ある海外のビッグアーティストが近々来日することになっていました。

担当ディレクターから、「この雑誌の取材を受けてほしい」との要望を受けた私は、早速、本国のレコード会社に許可を取るための要望書を作成し、上司に見てもらいました。

ところが上司は、「これではダメだ」と言います。「取材の詳細がほとんど書かれていない。たとえば、この雑誌はどういう媒体なの？　それがわからなかったら先方も検討できないでしょう」と。

「たしかにそうだ」と納得した私は、担当ディレクターのところに行って、「かくかくしかじかで、どういう媒体なのか教えてください」とお願いしました。

そこで新たに得た情報を書き込んで上司に見せたのですが、「媒体のことはわかったけど、まだ足りない。取材時間はどれくらい必要なの？　あと、その取材を受けることには、どんなプロモーション効果があるのかも伝えないと」と、またダメ出しです。

再び「たしかにそうだ」と納得した私は、またもや担当ディレクターのところに行って、「かくかくしかじかで、これらの詳細をください」とお願いしました。新たな詳細を盛り込んで勇んで上司に見せると、またダメ出しです。

そこでまた「たしかにそうだ」と納得して担当ディレクターのところに行き、さらに上司にダメ出しされ……というのを何往復か繰り返していたら、少し離れたところから、「馬鹿野郎！　何度聞きに来てるんだ！」という怒鳴り声が飛んできました。

声の主は、洋楽部の課長でした。担当ディレクターと自分の上司の間をピンポン玉のように行ったり来たりしている私を見るに見かねて声を上げたのです。

私は困り果てました。上司からは「あの件、どうなった？」と聞かれるし、洋楽部に行けば課長が「もう聞きに来るな」とばかりに怖い顔をしている。両者の板挟みです。どう切り抜けたのかはよく覚えていないのですが、落ち度は私にありました。

何がダメだったのかというと、自分なりに考えていなかったことです。

私は、上司から言われたことをそのまま担当ディレクターに伝え、担当ディレクターから聞いたことをそのまま上司に報告していました。要するに「伝書鳩」のようなことをしていたのです。

欠けていたのは、その仕事に対する当事者意識です。だから、「Aが足りない」と言われたら「A」だけを確認し、「Bが足りない」と言われたら「B」だけを確認する、という伝言ゲームを繰り返してしまいました。何度も聞きに来られるほうの迷惑も顧みずに……。

洋楽部の課長が思わず声を上げたのも、「こいつ、何も考えていないな」と思ったからでしょう。もちろん新人がすべてを見通すことはできませんが、それでも、自分なりに考えて行動すべきでした。

そうしていれば、A～Zをすべて一度に把握するのは無理だったとしても、A～Hくらいまでは自分で確認できたでしょう。その上で、まだ足りていないところを、上司の指摘を受けて確認する、というのが正しい取り組み方だったのです。

言われたことしかやらない、自分で考えている様子が一切感じられない、というのはよくありません。いかに仕事をするか。ここでも問われているのは、やはり仕事に対する姿勢です。

当事者意識があれば必ず、「こうしたらいいかな。確認しよう」「上司はああ言っていたけど、こういう場合はどうなんだろう。聞いてみよう」といった思考が働くはずです。そんな思考の痕跡が行動に現れるかどうかを、周りの人たちは見ているのです。

仕事の充実感は「時間×働き方」で決まる

まだ若いあなたには、「時間」という資産が潤沢にあります。

時間は、いくらお金を積んでも、どんなに貴重なものと引き換えにしても増やせません。あるのは「今から先に残っている時間」だけ。無為無策のまま時間を過ごせば、その分は丸ごと無駄になり、何をしても取り返すことはできないわけです。

それだけに、今これから、いかに時間を使っていくのかは人生を左右します。何も考えず無為無策では、時間はただ過ぎていくだけです。でも**時間を有意義に使っていけば、この資産にレバレッジを利かせるような感じで、将来的に大きな財産を築いていくことができます。**

お金に置き換えてみるとわかりやすいでしょう。たとえば70歳の人が今からNISAを始めても、若い人に比べるとかなり先が短いので、自分のための資産形成としてはあまり意味がありません。でも仮に30歳から月に1万円ずつでも始めれば、30年後、60歳になるころには、複利のおかげで相当な財産になっているはずです。

ということは、もし60歳で現役引退して悠々自適の生活をしたいのなら、今からＮＩＳＡでも始めてみようかというのが一案になるでしょう。まさに、まだ30歳という若さゆえに潤沢にある時間という資産を、有意義に使うことでレバレッジを利かせることができるわけです。

一方、前もって計画的な資産形成をせず、定年後も仕事をするという選択肢を選ぶとすれば、どうでしょうか。「仕事が好きで、定年後も働きたいから働く」ならともかく、「生活のために会社にしがみつかなくてはいけない」としたら、ちょっと悲しい人生ではないでしょうか。時間という資産を若いうちから有意義に使えるかどうかで、ここまで将来に差が生じてしまうのです。

時間という資産を運用することで得られる財産は、もちろん金銭的なものだけではありません。**「時間×資金」の掛け合わせによって経済的な豊かさが手に入るように、「時間×働き方」の掛け合わせによって豊かな仕事人生が手に入ります。**

いつも上司の指示通りに、指示されたことだけをやっている人と、積極的に仕事に取り組み、自ら学んでいる人とでは、5年後、10年後に大きな差が出てくるのは言うまでもありません。

まだ若いあなたには、いろいろなことを体験できる時間がたくさんあります。

あなたにとって大切なものは何か。何をしたいのか。いかに働き、どういう人生にしていきたいのか。こういうことを考え、行動に移して希望を叶えていく時間もあります。本を読んだり人の話を聞いたりして学ぶ時間もあります。

その間、どこかで大きな失敗や挫折を味わうこともあるでしょうが、そこで軌道修正する、あるいは新たな道を探るなどして、また歩んでいく時間だってあるわけです。

毎日を漫然と過ごしている場合ではありません。すべての時間はあなたの人生をよりよくしていくために使われるべきであって、あなたの優先事項をないがしろにして、他人軸に振り回されている暇もありません。

今日から5年後、10年後のあなたは、今日から1日1日の積み重ねによって形成されていくという当たり前の事実を、よくよく頭に刻んでおいてください。

若いうちは人生の残り時間が潤沢なだけに、あまり時間の大切さなんて考えないかもしれません。でも本当は、人生の残り時間が潤沢である今こそ、今日からの1日1日をどう過ごすのかをしっかり考えたほうがいいのです。

第3章

社会人としての自分の磨き方

努力は「数を打つこと」じゃない

社会人になったら、ある程度は自分に厳しく努力をする必要があります。こう聞いて千本ノックのような「数を打つ」訓練や修行を思い起こす人は多いかもしれませんが、私は「努力」というものについて、それとはちょっと違う見方をしています。

1つのことを徹底的に反復することで体得する。そういう方法も、もちろん有効でしょう。繰り返し練習することでしか身につけられない技術や、とにかく数多く経験しないと理解できないことが多いのは事実です。

ただ、能力や基礎知識には個人差や限界があります。時間にだって限りがある。一人の人間がすべての事柄を把握して身につけることは不可能と言っていいでしょう。

そう考えると、**ひたすら数を打つだけが努力ではない。社会人として早く成長するには、数を打つのではなく、「どこにどう打つのか」を考えたほうがいい**のです。

たとえば「数字」が苦手だとしましょう。

仕事に数字は付きものですから、まったく苦手なままでは支障があります。ならば、がんばって数字に強くなろうと決意したとする。しかし、手当たり次第に数字を勉強するのは非効率的すぎます。

ここで勉強を始める前に必要なのは、**「努力の的」を定める**ことです。「どこがどれくらい苦手なのか。そして現実問題として、どこをどれくらい強めなくてはいけないのか」によって努力の方向性は大きく異なるからです。

ひと口に数字といっても様々です。まずどこが弱いのか——データが読めないのか、それとも財務諸表のＢＳ（貸借対照表）が読めないのか、ＰＬ（損益計算書）が読めないのか。

さらには、どれくらい苦手なのか——知識ゼロの初心者レベルなのか、多少はかじったことがある入門者レベルなのか、概要は理解しているが実務に役立てられるほどではない中級者レベルなのか。

そして、どこをどれくらい強めなくてはいけないのか——仮に「全部、同程度に苦手」だとしたら、その中でもどれが最も自分の仕事上、「読めないといけない数字」なのか。それをどの程度まで理解したら仕事に役立つか。

このように、「わかっていない部分を、どれくらいわかっていないのか」を自分で客観的に理解してから努力を始めることです。

私も常にこうして「努力の的」を定めてきました。ポジションが移り変わるごとに努力の対象も変化しましたが、「ひたすら数を打つ」のではなく「どこにどう打つのか」という発想はずっと変わっていません。

たとえばソニーの社長時代、会議で技術の詳細についての話になると、私にはちんぷんかんぷんです。

ここで知ったかぶりをして、本当はよくわかっていないのに重要な経営判断を下すのはリスクが高すぎる。場合によっては会社を危機に追い込みかねませんし、そうなったときの全責任は私にあるわけです。

だからこそ苦手なりに勉強するわけですが、ここでも「どこにどう打つのか」を考えました。時間が限られている中、経営判断が下せる程度に物事を理解するには、手当たり次第に勉強している余裕はありません。

この**「努力の的を絞る」というプロセスは、実は「他力を上手に頼る」ということにもつながっています。**「どこがどれくらい苦手なのか」を把握すれば、自分一人でがんばらなくても、その部分に明るい人に助けを求めて物事を進めることができるからです。

自分自身がすべてを把握していない状態でも、**「どこがどれくらいわかっていないのか」が自分でわかっていれば、少なくとも、わかっている人に質問できる。**すると、質問と応答のやり取りの中で理解を深めることができます。わからないまま丸投げせずに、質問し、確認しながら重要な判断を下すこともできます。

逆に「何がわからないのかわからない」状態では、誰かに教わろうにも何から手を付けたらいいのかがわからず、教える側を困らせるだけでしょう。「ここはどういうことでしょうか」という質問すらできないため、一向に理解は深まりません。

このように、**「自分はどこがどれだけわかっていないのか」を理解した上で人に頼る。これもまた有効な努力のあり方なのです。**

あらゆる仕事は人間同士の協働によって成し遂げられるものです。人にはそれぞれ得意分野と苦手分野がありますから、「自分はどこがどれだけわかっていないのか」を理解していれば、苦手なことに関しては人に任せる（丸投げではなく、そのつど確認しながら任せる）という道を選ぶこともできるでしょう。

思い返せば小学生のころ、母に勉強を教わっていたときに「あなたは、わかっていないところがわかっていない」と言われたことがあります。ショックを受けつつも納得したことを鮮明に覚えているので、ひょっとしたら、ここで述べている私の「努力観」の根っこには、あのときの母の一言があるのかもしれません。

たとえ全体を見渡さなければならないリーダー的立場にあったとしても、自分が携わる事業や会社の隅々まで把握して、すべてを自ら実行できるほどの理解や経験を会得しきるのは難しいものです。時間だってかかります。

努力は大事ですが、やはり無闇に「数を打つ」だけでは、必ずしもいい結果や成長には結びつきません。

ひたすら数を打てばいいわけではなく、人それぞれに「打つべきところ」がある。そこを見据えて、その時々の状況にとって有効な努力をすること。**いきなり千本ノ**

ックを始めてしまうより、「今の自分にとって有効な努力とはどういうものか」を考えた上での努力のほうが、はるかに有効だと言えます。

社会人にとっての勉強とは、専門性を磨くこと

社会人になってからも、勉強の必要性は変わりません。

一言で言えば、**社会人には「自分の専門性を高めるための勉強」が求められる。ここが、授業で全員が同じことを学ぶ「学校の勉強」と大きく異なる点**です。

勉強と聞くと、「これまでさんざん勉強してきたのにまた勉強か……」とうんざりするかもしれませんが、社会人になってからの勉強は、確実にあなたを成長させてくれます。より充実したキャリアを歩んでいくためにも、社会人になってからの勉強は非常に重要なのです。

私の場合、社会人になってからの勉強といって筆頭に挙がるのは、ＣＢＳ・ソニー時代に培った法務関係の知識とノウハウです。

海外の音楽事務所と契約交渉をしたり契約書を作ったりする海外法務を担当していたのですが、アメリカをはじめ欧米の音楽業界のしきたりは日本と違うところも多く、契約書の作り方や著作権について一から勉強する必要がありました。

当初は、海外法務はおろか、法律や法務の基礎的な知識もありませんでした。大学の法学部出身ですらありません。「そもそも英語の契約書って、どういう文面なんだろう」という出発点だったので、ひたすら契約書を読み込むことから始めました。

とても地道で大変な努力でしたが、「海外法務は平井に聞けばわかる」と評価されるくらいの知識と実務能力を早く身につけ、社内で確固たるポジションを築きたかった。というのも、当時、CBS・ソニー社内には海外法務のエキスパートが少なかったのです。

社内では希少な何かしらの専門性を持ってポジションを確立するというのは、社会人の価値の出し方の1つです。もちろん、そのためには、社内で必要とされている価値を見極める必要もあります。若かりしころの私の場合は、それが「海外法務のエキスパートになること」だったというわけです。

22歳で入社してすぐに海外渉外を担当する「外国部」という部署に配属され、その中で海外法務を担うようになったのは26、27歳のころ。それから30歳くらいまで海外法務を担当したので、およそ20代の後半は丸ごと、海外法務の知識と実務能力を身につけるために勉強しては仕事に生かすという日々を過ごしたことになります。

インターネットのない時代でしたから、グローバルな巨大情報網にアクセスして手軽に知識・情報を手に入れることなどできません。

ひたすら契約書を読み込むほか、法務関連の文献を取り寄せて勉強しました。また、CBS・ソニーと仕事上の関係があった外部の法務担当者にも、わからないことがあるたびに相談しました。会社に直談判して受講料を経費計上してもらい、海外との契約実務のセミナーを受講したこともあります。

とにかく自分の専門性を高めたい一心でした。専門的であるがゆえに、その知識もノウハウも生半可な勉強量では手に入りません。学生時代の私は不真面目だったので、社会人になってからのほうが、学生のころよりもずっと勉強していたと思います。

音楽に関わる会社に勤務しているとはいえ、法務担当の私は、クリエイティブな領域には一切タッチできません。音楽は好きだけど、音楽そのものには携われない。携わる能力がないことも重々わかっています。

だからなおのこと、当時の自分を振り返ってみると、海外法務の分野でがんばってポジションを確立したいという思いもあったのかもしれません。

音楽そのものには携わらないけれども、音楽にまつわる事務のエキスパートとなってクリエイティブサイドをサポートすることで大好きな音楽に寄与したい、寄与できているという実感を得たいと考えていたのだと思います。

こう書くと必死な印象を与えそうですが、私は仕事を心底楽しんでいました。海外の企業と交渉する、契約書を作成する、弁護士の先生と相談する。たまたま目をつけて飛び込んだ海外法務の世界でしたが、こうしたプロセスを楽しめたのは幸いでした。

楽しいからもっと知識を蓄えたい、もっと実務能力を高めたい、だからもっと勉強するのが苦ではないという好循環が生まれていました。私が単にラッキーだったのではなく、これは自ら専門性を追い求めたことで得たメリットだと思っています。

専門性が高くなると「自分にしかできないこと」が増え、それだけ社内でも重宝されるので、必然的に仕事は楽しくなるはずです。あなた自身のために、自分の能力を開拓すべく新たに勉強することは、とてもおもしろく、実利的なことなのです。

人と被らない得意・興味を見つけて磨きをかける

何か専門性を高めるなら、まず社内で希少かつ求められている専門性を探求するといいでしょう。

私が「海外法務のエキスパートになろう」と決意したころ、この分野に興味を持っていた人は、おそらく周囲に誰もいませんでした。数あるポジションの中で「海外法務」のポジションだけガラ空きだったのです。

当時のCBS・ソニーは、現在のソニー・ミュージックエンタテインメントのように山ほど海外との契約を結んでいたわけではなく、海外法務の人員もノウハウもかなり限られていました。私は、いわば社内にブルーオーシャンを見つけたようなものでした。

だからこそ、着々と専門性を高めるごとに求められる度合いも高くなり、求められるほどにやりがいを感じ、仕事が楽しくなっていったというわけです。実際、海外法務の仕事はCBS・ソニーの枠を超えて、ほぼ私に集中するようになりました。

たとえば、ソニー・クリエイティブプロダクツは、アメリカ発の人気教育番組「セサミストリート」を、1989年から15年間（そして2021年7月～現在）、ライセンシングエージェントとして、日本展開を担当しています。1989年からライセンス契約をする際に、契約交渉サポートのため、私にお呼びがかかりました。

CBS・ソニー出版という出版社で手掛けていた翻訳書などの海外ライセンス業務も私が担当しました。

いずれも音楽業界とはだいぶ違う分野ですが、「海外法務」という専門性を媒介として、もともと属している業界の外にも仕事の幅が広がりました。法務の仕事を通じて、他業界のことを学んだり、そこでがんばっている人たちと関わったりするたび、これはつくづくとおもしろい仕事だなと思いました。

ＣＢＳ・ソニーにいながらにして、様々な業界で海外法務を担当することができた。それはＣＢＳ・ソニーグループが多角経営の大所帯だったからにほかなりませんが、そうでなくとも専門性を高めておくことのメリットは大きいでしょう。

希少かつ求められている専門性は、何よりの強みです。この強みがあれば、今いる環境で自分の価値を高めることも、他の環境を追い求めることもできる。つまり**専門性は、今いる環境で役立つ武器であると同時に、未来の選択肢を増やす鍵にもなりうるのです。**

30代になったら「自分で考えてからホウ・レン・ソウ」しよう

まだ経験の浅い20代のうちは、おそらく、それほど大きな仕事を任されることはありません。

仕事を振るほうとしても、若手社員には主に「経験から学ぶこと」を求めているものです。たとえトラブルが起こっても大損害にはならないような仕事を振られることが多いはずですから、積極的にトライアル・アンド・エラーをするつもりで取り組むといいでしょう。

トラブルから学ぶ必要はありますが、責任を感じすぎて気に病むことはありません。よほどEQ（Emotional Quotient：心の知能指数の略で、自己や他者の感情を理解し、適切に管理・活用する能力）の低いダメ上司でもない限り、一方的に責められることもないでしょう。EQの重要性については改めて後述します。

しかし、それなりに経験を積んで30代に突入してからは違います。

30代にもなれば、責任あるポジションに就けられたり、大きなプロジェクトの重要なポストを任されたりするでしょう。そうなると、当然、トラブルとの向き合い方も20代のころのままでは通用しません。

そこで重要なのが、「**まず、自分で考えてからホウ・レン・ソウできるようになること**」なのです。

よく言われますが、ホウ・レン・ソウ――つまり「報告」「連絡」「相談」は、会社に入ってすぐ覚えるべきことです。20代をつつがなく過ごして30代に入ったら、それぞれを、もう１つレベルアップさせなくてはいけません。

30代からは「ホウ・レン・ソウは自分の頭で考えてから」が鉄則。具体的には「**ホウ・レン・ソウの結果、上司に何を求めるのか**」を念頭に、「**何が起こっているのか**」「**それに対してあなたはどう考えたのか**」を**明確に伝えるということ**です。

たとえば、失敗や難局にぶち当たったときの「報告」はどうしたらいいでしょうか。

20代までは「こういう失敗をしてしまいました」「こういう難局にあります」という現状報告さえできれば合格です。

しかし30代からは、まず自分の頭で考えて、あなたなりにいくつか対策案を編み出してから、上司の「判断」を仰ぐように報告する必要があるのです。10年弱の仕事経験があれば、それくらいはできるだろうという目で上司をはじめ周りの人たちも見ているはずです。

うまくいくと思っていたものが頓挫しかけたら、誰だって焦ります。でも、そこで急き込んで上司の元に走るのではなく、一呼吸置く。そして冷静に状況を眺め、分析する。ことは急を要する場合もあるので時間をかけすぎるのは禁物ですが、まず冷静に状況を把握し、理解すること。

その上で、「**この状況だったら、A、B、Cの3つの対策が考えられるが、どれが一番いいだろうか。それぞれのメリットとデメリットを勘案すると、Cが一番、筋がいいかもしれない**」**くらいまでは考えてから、上司に報告するのが望ましい**でしょう。

「何はなくとも、まず報告！」では、「なるほど。で、どうするの？」と言われるだけです。

私も若手社員だったころ、トラブルを上司に報告して、「で、どうするの？」と返されたことがあります。苦々しい思いで退散しましたが、いざ自分が上司になってみると、かつての上司と同じようなことを部下に言っている自分に気づきました。

20代ならばまだ、現状報告に対して上司がヒントや指示を与えてくれるでしょう。しかし30代にもなって現状報告だけでは、何の解決の糸口もつかめません。ただ「火事だ！　火事だ！」と騒ぐばかりで、「でも、火を消す方法はわかりません」では、戦力として意味がないのです。

「連絡」「相談」も同様です。

「A社の○○さんからお電話があり、×××とのことでした」という単純な連絡では、「わかった。で？」と言われてしまいます。

そこで話を前に進めるには、「A社の○○さんからお電話があり、×××とのことでした。つきましては、私は△△△しましょうか」という自分なりの申し出を含め、上司の「指示」を仰ぐように連絡する必要があります。

また、「A社とB社の件、日程的に厳しそうなのですが、どうしましょう」という丸投げの相談では、「どうしましょうって……。で？」と言われてしまいます。

そこで話を前に進めるには、やはり「A社とB社の件、日程的に厳しそうです。A社は延期できそうな感触だったのですが、いかが思われますか」という自分なりの打開策を交えて、上司の「意見」を仰ぐように相談する必要があるわけです。

もう1つ重要なことを加えると、**忙しい上司に無用なストレスを与えないよう**、「**タイミングを見計らう**」「**簡潔に伝える**」**というのも重要**です。

タイミングは、「緊急度の高さ」と「インパクトの強さ」の四象限で考えます。緊急度が高く、かつインパクトが強いときは、ホウ・レン・ソウは早ければ早いほどいい。

図３　ホウ・レン・ソウのタイミングを計る四象限

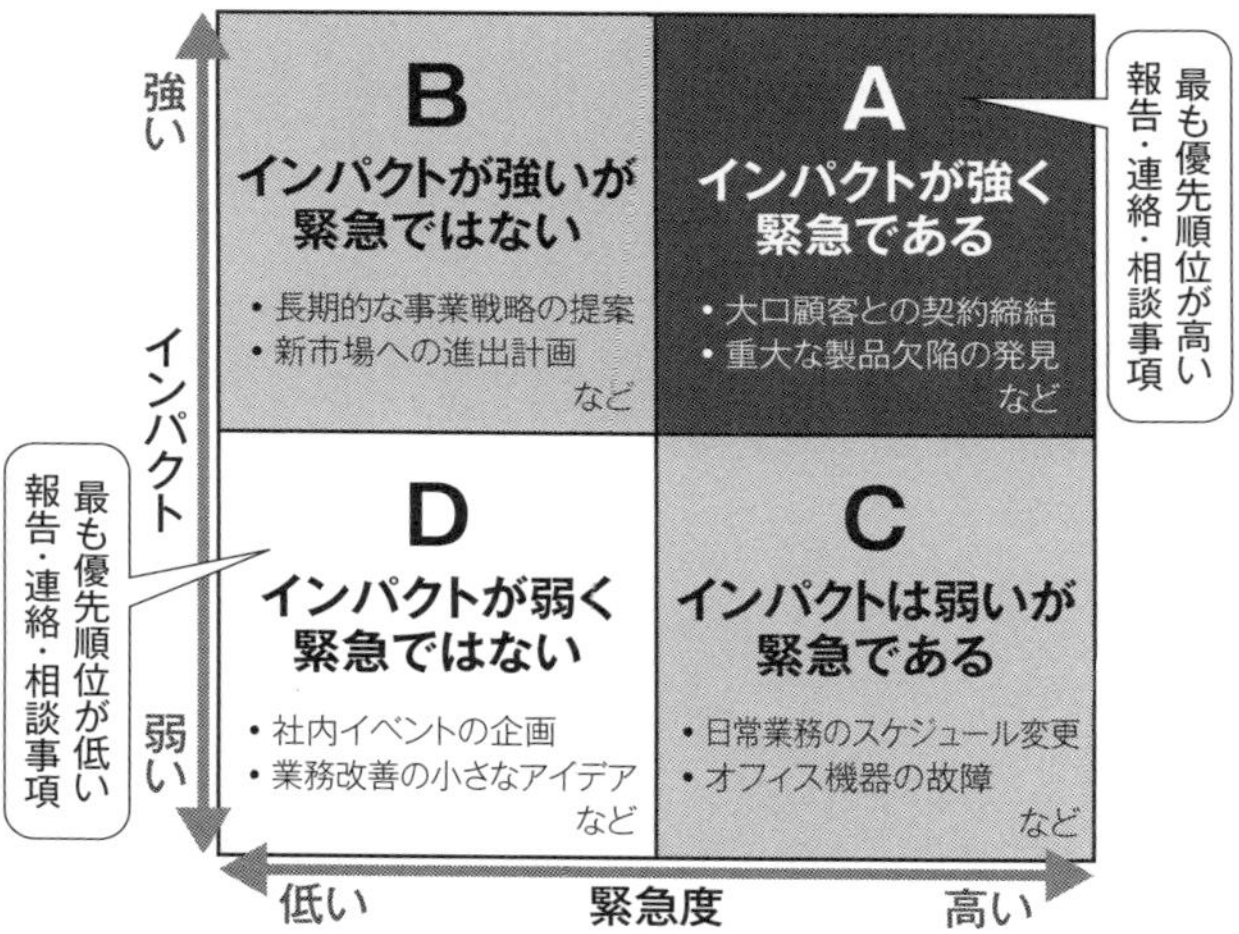

両方ともそれほど高くないのなら、上司の機嫌が悪くないタイミングや、上司の頭の回転が落ちていないタイミングを見計らいます。

そして「簡潔に伝える」には、「誰々がこうして、ああして、誰々がこう言って、ああ言って」という枝葉末節は削ぎ落として、要点だけを伝えられるようにすること。

最初のうちは、何が枝葉末節なのか、何が要点なのか、見極めにくいかもしれません。１枚の紙にホウ・レン・ソウの内容とあなたの思考を書き出して、伝えるべきことを整理するのもいいでしょう。回数を重ねれば、徐々に書き出さなくても要点だけを簡潔に伝えられるようになっていきます。

このように、**ホウ・レン・ソウは、ただ習慣化すればいいというものではなく、短い時間の中でもあなたの思考をいったん噛ませてから上司の元に行くのが、将来有望な30代の行動体系**なのです。

30代は20代より経験を積んでいるとはいえ、ベテラン社員に比べれば、まだ経験が浅いのは事実です。

ですから、本当に有効な策をあなた一人で考案できるとは限りません。上司も、そのまま採用できる提案は必ずしも要求していないはずです。

要するに、これも仕事に対する姿勢を見せる機会であり、また、実務能力を上げるための訓練の一環なのです。もちろん本当に有効な策を提案できれば上出来ですが、あなたが考えた結果だけが重要なのではなく、あなたなりに考えてからホウ・レン・ソウするというプロセス自体にも意味があります。

誰もが最初は新人です。30代でいよいよ一人前に成長していくとはいえ、序盤では、まだ経験が十分でない若手社員です。本書でお話ししていることすべてに通じることですが、私は、長年の社会人経験を振り返ってみて、今、言えることをお伝えしているだけであって、はじめからすべてできなくてはいけないわけではありません。

いくら「このようにしよう」と心がけていても、しくじることはあって当然です。そうやってしくじりながらも、大事なことを意識しながら仕事の実地経験を重ねるうちに、1つずつ、少しずつ体得していけばいいのです。

30代はますます仕事の経験を積みながら、ホウ・レン・ソウを含め、自分の頭で考えて物事を解決する訓練をする時期といっていいでしょう。この時期をどう過ごすかによっても、その後のキャリアに大きな差がつくことは間違いありません。

成功・失敗、どちらから学ぶのが正解か

充実したキャリアを送るためには、仕事の中で学んで成長していくことが大事。この点について異論のある人はいないでしょう。

問題は、いかに学ぶか。世の中には「失敗から学ぶべし」「成功から学ぶべし」両方の議論があります。「得意」と「苦手」に関しても、「得意なことを伸ばせ」「苦手なことを克服せよ」両方の議論があります。

結局、どちらが正しいのか。両方とも理にかなった考え方なので、結局のところ「人による」ということなのではないでしょうか。

したがって、考えるべきなのは「失敗と成功の、どちらから学ぶのが正しいのか」「苦手を克服するのが正しいのか、得意を伸ばすのが正しいのか」ではなく、**「自分はどちらのほうが成長できるタイプなのか」。つまり自分をよく知ることを出発点としたほうが、よほど建設的**ではないかと思います。

私自身は「失敗から学び、苦手を克服するほうが向いているタイプ」です。「ここはうまくいかなかった。なんでだろう？」と検証し、修正する。「自分には何が足りないのか」を考え、その部分を自分で納得できる最低ラインにまで引き上げる努力をする。そうすることで成長してきたという自覚があります。

なぜそうなったのかというと、どうも幼少期からの持ち前の性格に理由がありそうです。

子どものころの私は（今もそうかもしれませんが）、お調子者でした。ちょっとでも成功したり褒められたりすると、つい調子づいてしまう。それに加えて、目立ちたがり屋のところもありました。

だから授業参観の日などは、親にいいところを見せようと張り切って、先生が「この問題、わかる人？」と言うと「はい！　はい！」とすぐに挙手していました。

声が大きいほうだったこともあって「はい、平井くん」と当てられるのですが、そもそも目立ちたくて手を挙げただけなので、問題を理解していない。当然、答えられるはずもなく、当てられてから「ええと、何でしたっけ？」と聞き返す始末でした。

それを見ていた両親は赤面しきり。家に帰ると、「人の話を聞いてもいないのに目立とうとするやつがどこにいるんだ」とこっぴどく叱られるわけです。やれやれですね。

私の目立ちたがり屋の性格は、仕切りたがり屋にも通じていました。たとえば、理科の授業でグループに分かれて実験をするというときも、進んでみんなを仕切ろうとします。

ところが先の例と同様、そもそも先生の話を聞いていないので、実験の内容を理解していません。だから、「はい、平井くんのグループではどういう結果が出ましたか」と聞かれても「いや、まだできていません。……ていうか、何をするんでしたっけ」となる。

当時の自分を振り返ると、何かに没頭すると自分の世界に入ってしまい、周囲の声が耳に入らなくなってしまっていたのだと思います。

しかし、それでは人と協力して物事を遂行することなどできません。上の人からの指示を聞いたり、周りの人たちの意見を取り入れたりしなくては、何も進められない。しかし子ども時代の私には、まだそんなことはわかりません。

ただ、さんざん両親や先生に注意されたり叱られたりしていたので、幼いながらも、徐々に「人の話を聞くのは大事なことらしい」と察知します。そこであるとき、試しに目立ちたがり屋、仕切りたがり屋の自分をぐっと抑えて、「話を真面目に聞く姿勢」で授業に臨んでみたのです。

すると先生から、「平井くん、今日は話を聞いていますね」と見事に指摘されました。やはり人は、ちゃんとほかの人の姿を見ている。それに「話を聞こう」という姿勢は、何もわざわざ自分からアピールしなくても相手に伝わるものなのだと学びました。

もうおわかりでしょうか。私は、もともと人の話を聞かない子だった。それをさんざん注意され、克服しようと思ったことで、ようやく誰かと協力して物事を遂行する最低限の能力――「人の話を聞き、コミュニケーションを取る」という能力を身につけました。

私の場合は、自信満々で得意なことを先鋭化するよりも、至らない部分を修正するほうが向いている。そうなったのは、おそらく幼少期に、短所を克服する必要性に迫られた経験があるからなのです。

念を押しておきますが、「私は失敗から学び、苦手を克服するほうが向いている」という話であって、それが絶対に正しいという話ではありません。ぜひあなたも、これを機にご自身を振り返ってみてください。

私とは逆の人もたくさんいると思います。ネガティブな部分に着目すると、感情や思考までネガティブになってしまう。そのため、成功から学び、得意を伸ばして自分を磨いていくほうが向いている人もいるでしょう。

社会人として大成していくためにも、やはり自分を知ることが先決です。あなたはどういう成長の仕方をするタイプなのか。できるだけ客観的に見て、失敗から学び、苦手を克服するタイプか、それとも成功から学び、得意を伸ばすタイプなのかを探ってみてください。

社会人の信用度を決める分かれ道

周りから信頼されるかどうかの分かれ目は何か。一言で言い表すならば、それは「誠実さ」であると思います。

何でも人のせいにする人や、人の手柄を自分の手柄であるかのように吹聴《ふいちょう》する人、たとえ仕事ができても他者をないがしろにするような人は、誠実さの欠片《かけら》もない。当然、誰からも信頼されません。

一方、自分に対して正直で、かつ厳しく、己を律して働く人は誰からも信頼されます。つまり、自分自身がまず信頼に足る人物であろうとすること。そういう誠実な人間は周囲から信用されて当然でしょう。

では、自分に対して正直で、かつ厳しく、己を律して働ける、そんな姿勢はどのように培ったらいいのか。そこで私が常々口にしているのが「**勇気と自信を持つ**」ということです。

「勇気と自信」と聞いて、どんなことを思い浮かべましたか。傲慢や蛮勇とは違います。いうなれば「素直に認める勇気」と「その土台となる自信」なのですが、まず「素直に認める勇気」をもう少し分解すると、次の3つの要素が挙げられると思います。

1つ目は、**自分が間違えたときに、それを素直に認め、修正できる勇気。**他者のせいにするのでなく、「その判断をしたのは自分であり、責任は自分にある」と受け止められるということです。

2つ目は、**他者を素直に認める勇気。**同僚や後輩がいい提案をしたときや成果を出したときに、「いいですね」「すごいですね」と言えるということ。他者を妬《ねた》んだりせずに、いいことは「いい」と言える勇気も重要です。

そして３つ目は、**知らないことやわからないことを素直に認められる勇気**です。「知らないから、教えてください」と、自分の至らなさを開示するのは成長しようとしている証しでもあります。逆にプライドが高く、弱みを見せたくないあまりに知ったかぶりをする人は、その時点で成長が止まってしまうでしょう。

そしてこれらの勇気を内包するためには、しっかり自分を見据えることで「自信」を身につけることが不可欠です。

「どうだ！」とばかりに胸を張り、傲慢に振る舞うのは本当の自信ではありません。そういう偽りの自信では、今、述べたような「素直に認める勇気」は持てないでしょう。むしろ虚勢を張って間違いを認めない、他者を認めない、知らないことやわからないことを認めない、という真逆のことをしがちです。

自分の過ちを認めなくてはならないときや、他の誰かが手柄を上げたとき、自分の未熟さを認めなければならないときなどに、根本的な自信を持っていないと、言い逃れしようとしたり妬んだり、責任転嫁してしまったりするものなのです。

内に秘めたる本当の自信がある人は、自分が間違えようと、他者が功績を上げようと、あるいは知らないことやわからないことがあろうとも、己の存在や価値が損なわれるとは感じません。

だから、これらを「素直に認める勇気」を持てるわけです。そして、そんな本当の自信を持つためには、まず自分をしっかり見据えることが欠かせません。

世の中には、幸いにして、元から本当の自信を持っている人もいます。

でも、そうでない人も諦めることはないのです。まずあなたを見据え、ことあるごとに素直に認める勇気を出してみる。最初は抵抗を感じるかもしれませんが、そんな勇気を少しずつ積み重ねることで、後からでも本当の自信を培うことができるでしょう。

さて、ここで述べてきた勇気と自信とは、本来、上司にこそ求められるものです。

自分が判断を下し、部下に指示したことが間違っていると気づいたときに、「ごめん、間違えていた」と素直に認めて修正する。

部下がいい提案をしたとき、成果を上げたときに、上層部に対して「あれは私ではなく、〇〇くんの提案なのです。とても見どころのある若手です」と素直に認めて評価する。

そして、知らないことやわからないことに出合ったときに、それに明るい部下に「ごめん、よくわからないから、教えてくれる？」と素直に認めて教えを請う。

残念なことに、こうした素養を持ち合わせていないがために、部下からは慕われず、上層部からは評価されない上司が多いと見られます。

同じ轍《てつ》を踏まないよう、あなたには、ぜひ若いうちから勇気と自信を持って働いていってほしいと思います。それはいつか必ず、人の上に立つことになったとき、あるいは独立・起業の道を選んだとしても我が身を助けてくれるでしょう。

自分のタイプを把握しよう

あなたにはどういう働き方が向いているのか。どういうポジションに行きたいのか。

どんな環境や、どういった分野だと能力を発揮できるのか。**キャリア形成ではあなたの特性や得意を把握しておくことも重要**です。

端的に言えば、これは「自分はどういう状況で盛り上がれるのか、燃えるのか」を自覚し、さらには「そういう自分の適性を誤魔化さない」ということだと私は思っています。

たとえば私は、自分が「火事場の馬鹿力」タイプであることを自覚しています。組織が何らかの問題を抱えているときこそ、私は「よーし、この状況をどう切り抜けるか。最善策は何か」と盛り上がり、平常時よりも高いパフォーマンスを発揮できるのです。

もちろん何の問題もなく、うまくいっている状態のほうが企業としては好ましいのですが、誤解を恐れずに言えば、その状態は、私にはちょっと味気ないのです。

ソニー・コンピュータエンタテインメント・アメリカの社長をしていたときも、そうでした。結局、10年ほど社長を務めたのですが、最も燃えていたのは最初の5年間くらい。組織を立て直し、「プレイステーション」の北米での展開が軌道に乗るまでの間です。

いったん軌道に乗ってしまうと、大したテコ入れをしなくても相応に業績が上がる「オートパイロット」状態になりました。そこからは、あまりやりがいもおもしろみも感じられなかったというのが正直なところなのです。

「プレイステーション」関連で私が最後に盛り上がったのは、「プレイステーション3」発売のころに日本のソニー・コンピュータエンタテインメントに呼び戻されたときでした。絶好調だった「2」とは打って変わって「3」は巨大な課題に直面しており、腕まくりして対策に当たりました。

また、さらに時を遡れば、20代のころに海外法務のスペシャリストになろうと決意したのも、「海外の企業と契約を結ぶこともあるというのに、ここには海外法務に明るい人間がほとんどいない」という一種の危機的状況に勝手に盛り上がったから、とも言えます。

こうした過去を見ても、どうも私は、軌道に乗っているものをさらに成長させるよりも、軌道を見失って彷徨《さまよ》っているものを元の軌道に戻したり、新たな軌道に乗せたりして、成長の道筋を立てるほうが向いているようです。

私が社長に就任したころ、ソニーの業績は地に落ちており、文字通り危機的状況にありました。錚々たるボードメンバーが「平井に社長をやらせてみよう」という結論に至ったのも、1つには、危機でこそ盛り上がり、パフォーマンスを発揮するという私の性質を見抜いていたからでしょう。

一方、安定路線に入ったものを損なわないように注意しながら、さらに大きくすることが向いている人もいます。たとえば、私の後にソニーの社長になった吉田憲一郎さんなどは、その重要な役割を見事に果たされました。

どちらのほうが正しいとも優れているとも言えません。これは適性の問題です。**まず己を探究し、適性を自覚すること。そしてあなたの適性を誤魔化さず、それが生きるよう誠実に努力をすることが重要**という話なのです。

「次はどうしたいか」を常に考えよう

キャリア初期はわからないことや失敗だらけでしょう。でも、真面目に目の前のことに取り組むうちに徐々に仕事に慣れ、能力も身についていきます。

すると必然的に、上司など周囲から失敗を指摘されたり、欠けているところを注意されたりすることも少なくなる。もちろんいいことなのですが、見方を変えれば、挑戦して成長する機会が初期と比べて減っているとも言えます。

仕事を覚え、実務能力が高くなるほどに、それ以上の成長の目処を見失ってしまう。これはキャリアを積む上で誰にでも起こりうるジレンマですが、本当は、一定の成長を遂げたからこそ、安心して次の段階へと進むことができるのです。

つまり、**己の成長を止めないためには、さして苦もなく仕事をこなせるようになったときこそ「次は何をしたいのか」を考え、それに向かって踏み出す勇気が必要**です。ひとところに安住せずに、常に、次へ、次へとあなたをドライブしていきましょう。

これはあなたの様々な可能性を思い描いてみるということです。

特にまだまだ若いあなたは可能性の宝庫、いわば「伸び代だらけ」なのですから、1つの会社、1つの部署の中で一定の仕事を覚えて満足するのではなく、どんどんあなたの新たな可能性を見出し、未来を切り開いていってほしいと思います。

仕事に慣れるのは悪いことではありません。成長を感じることでモチベーションが上がるということもあります。わからないことばかりで疲弊していた自分を安心させることもできるでしょう。

しかし、それも長く続くと、今度は徐々にマンネリを感じるようになります。もはや成長の実感も消え失《う》せ、モチベーションの低下を招きます。そうなってしまったところから再び自分を引き上げるのは至難の業です。

こうして仕事に慣れたばっかりに、成長の機会を失い続けるのはもったいない。本来、新しいことを学んだり習得したりするのは、人間にとって喜びであるはずです。常に自分の「次」を探求する心がけを忘れずにいたいものです。

私が「若手」だったのは40年ほども前のこと。もう60歳を超えている人間に若手の心得を説かれても、あまりピンと来ないという人もいるかもしれません。しかし、常に「次は何をしたいのか」と自分をドライブすることの意味や効果効能は、おそらく、いくら時代を経ても変わりません。

どれだけ世の中が移り変わろうとも、自分を次なる成長へと向かわせるものは、自分の意志でしかないからです。**ほかでもない自分自身が「次」を見ることができなくなった時点で、誰から何と言われようとも、その時点で成長は止まる**でしょう。

すべてが希望通りになるわけではありません。「こういうことをやってみたい」と会社に出した要望が通らないこともしょっちゅうでしょうし、組織に属している限りは、「これをやりなさい」と言われたことには取り組まなくてはいけない。

それでもなお「次」を見据え、少し先にある目標を追いかけ続ければ、必ずビジネスパーソンとして成長できます。

特に今は不確実性の高い時代と言われます。みんなが同じ方向を見てがんばっていたかつての時代とは違い、個々が自分軸を持っていないと、あっという間に振り落とされてしまう。そんな大変な時代にあなたは生きています。

そういう意味では、かつての私などよりもあなたのほうが、ずっと迷いは多く、悩みは深いのかもしれない。しかし、だからこそ常にあなたの「次」を見ていてほしいのです。

自分軸で「次」を見据えるには、頭で考えるだけでなく、見識を広げることも有意義です。仕事熱心なのは結構ですが、同時に会社の外にもどんどん目を向け、真新しい知識、体験、出会いを求めるといいでしょう。

当然ですが、今の仕事が仕事のすべてではありません。今の会社が社会のすべてではありません。ただ、そう頭ではわかっていても、実際に未知の体験をしてみないことには、見識は広がりません。

「世の中には、こんな世界もあるんだ」「こんな仕事もあるんだ」「こんな人もいるんだ」という発見の一つひとつがあなたの優先順位を見直す材料となり、次なる目標、新たな可能性へと目を開かせてくれるはずです。

仕事にようやく慣れてきた自分が、次に取り組むべきことは何か。次に克服したい弱点は何か。次に手に入れたい能力や知識体系は何か。次にどんな世界の扉を開きたいか。そして、そのために取るべき次のアクションは何か。

いろんな体験を得ながら、こうしたテーマ意識を失わずにいれば、望みのすべてが叶うわけでなくとも、自分軸で歩んでいくことができます。無意識のうちに人生の操縦桿を誰かに委ねてしまわずに、あなたの力でしっかりコントロールして生きていけるでしょう。

「間違った判断」は悪くない

若いうちから判断力を磨くに越したことはありませんが、その過程には必ずトライアル・アンド・エラーが伴います。

一番いいのは、もちろん「正しい判断をすること」です。「これ」と決めたことが的中し、成功するのが一番。それは間違いありません。では二番目にいいのは何かというと、「間違った判断をすること」、そして**一番ダメなのは「判断をしないこと」**なのです。

どういうことか、実例を元に説明していきます。

「プレイステーション」のネットワーク化が始まったころ、私は、その担当部署を、従来のディスク部門と同じソニー・コンピュータエンタテインメント内に設けるつもりでした。ゲームという中身は同じなのだから、問題はないだろうと考えていました。

しかし、ネットワーク化によってディスク（ソフト）の売上が下がることは当然の成り行きです。そのためディスク部門の営業担当者などは、同社内にネットワーク部門ができることに危機感を抱いているようでした。

言ってみれば、自分たちを淘汰してしまうかもしれない部署と隣り合わせになるということですから、それも無理はありません。ディスク側の強い危機感と反発心からネットワークのビジネスが滞り、果ては潰されてしまう可能性すらありました。

そこで組織編成を検討し直し、ネットワークとディスクの両方を継続するけれども、それぞれを担う会社は分けることに決まりました。

数年後、ネットワークが普及したころに1社に統合するに至ったのですが、同じゲームとはいえ、最初から同じ会社でまとめて取り組むことには無理がありました。あえて分けたほうが両者共に存続できる可能性が高く、実際そうなったわけです。

当初の私は、そこまで思い至っていなかったので「間違った判断」を下してしまいました。しかし、少なくとも判断をしたことで、早々に誤りに気づき、方針を修正することができました。

先ほど二番目にいいのは「間違った判断をすること」、一番ダメなのが「判断をしないこと」と言った理由が、ここにあります。**たとえ間違っていても、判断しないよりはずっとマシ**というわけです。

判断を先送りにしている状態では、何も前に進みませんし、学ぶこともありません。間違いはできるだけ避けたいけれども、どれほど考えたところで、判断の的中率を100%にすることはできない。何事も「やってみなければわからない」以上は、間違っている可能性も含んだ上で判断を下すことが重要なのです。

この前提意識と、前に述べた「間違いを素直に認める勇気」があれば、間違いに早く気づくことができますし、大怪我をする前に修正することもできます。また、そこから学ぶことで、今後、同じような間違いを防ぐこともできるでしょう。

まずは「正しい判断」を目指すこと。「間違った判断」に気づいたら、それを素直に認めて修正し、前進すること。「間違った判断」には間違いなりの意味と価値があります。諦めさえしなければ、そのすべてが糧《かて》になるでしょう。

優先事項を見極めれば、必ず問題解決できる

30代に入り、「若手」と言われる時期が過ぎるころには、ある程度、トラブルにも適切に対処できるようになっていなくてはいけません。

あらゆる職種、あらゆる職域に多種多様なトラブルの形があるとは思いますが、1つ、**普遍的と言える問題解決の基準となるのが、115ページでも触れた、いわゆる「優先順位づけ」の一種である「問題の緊急度の高低」「問題のインパクトの強弱」の四象限**です。

「緊急度＝高」「インパクト＝強」の問題は、すぐに対処しないと取り返しがつかなくなる問題です。これには今でも鮮明に思い出す出来事があります。

CBS・ソニーに入社したばかりのころに、TOTOという世界的に有名なバンドが来日したときのことです。過密なスケジュールの合間を縫うようにプロモーション用のフォトセッションを設けていたのですが、当日になって、とんでもないミスが発

覚しました。

担当者同士の連携不足で、ヘア&メイクが手配できていなかったのです。フォトセッションだからヘア&メイクは必須なのに、このままではヘア&メイク担当者が来ない。今から連絡を取っても、彼らには次の予定が詰まっているから間に合わない。何よりフォトスタジオに全員揃っている彼らを、これ以上待たせるわけにはいきません。

彼らがへそを曲げたら、その後に控えている雑誌インタビューなど、別の予定にも支障を来しかねません。ただでさえ海外アーティストは気分屋で知られる人が多いというのに、こちらが明らかなミスを犯したと知れたら、どうなることか。私を含め事態を把握している者たちは青ざめました。

しかも彼らを招聘《しょうへい》したのは、来日コンサートを主催しているプロモーターです。ここでCBS・ソニーがヘマをしたとなれば、その後、別の海外アーティストの仕事にも差し障る可能性がありました。

いろんな意味で、このフォトセッションは、絶対に難なく完遂されなければいけない。ことは急を要しました。実際、「おいおい、どうなってるんだ?」という声が上がり始め、徐々に現場の空気が悪くなる中、一番下っ端だった私は今までにないくらい焦っていました。

そこでの一番の優先事項は、手配するはずだったヘア&メイク担当者に来てもらうことではなく、ヘア&メイクができる人に来てもらうことでした。どういう人が来るかなんて知らせていないわけですから、言ってしまえば、プロなら誰でもよかったわけです。

そのとき、一緒にいた先輩がそのフォトスタジオのすぐ近くに、美容室があることに気づきました。店に駆け込んで事情を説明すると「え、TOTOのヘア&メイク⁉」と驚きながらも、手が空いている美容師さん数名を融通してくれるとのこと。

もちろん、アーティストサイドに事情は説明しません。何食わぬ顔で「もうすぐヘア&メイクさんが到着しますので」と伝え、まるで最初から、その人たちにお願いしていたかのような態度で美容師さんたちを迎え入れます。

だいぶ冷や汗をかきましたが、こうして、どうにか無事にフォトセッションを終えることができました。

「緊急度＝高」「インパクト＝強」の問題には瞬発的な対処が必要であること、そしてパニック寸前になっても、優先事項を見極めて冷静に考えれば解決法は見つかるものだということを、見事な判断の数々で現場を救った先輩の姿から学んだのです。

さらに別のトークショーで司会兼通訳を担当したときも、冗談のような「緊急度＝高」「インパクト＝強」の問題が起こりました。

アーティストが英語でジョークを言ったのですが、そもそもジョークというのは、訳すのが難しい。そのまま言葉を置き換えても、おもしろみがまったく伝わらないというケースがほとんどです。

しかし、そのアーティストはウケるつもり満々で「早く訳せ」と言わんばかりの表情を浮かべています。ここで会場がシーンとしてしまっては機嫌を損ねてしまうかもしれない。先ほどのＴＯＴＯと同様、へそを曲げられては困ります。

じっくり考えている暇はありません。まず、彼には英語しかわからない。そこで会場に向け、「すみません。今、彼はすごくおもしろいジョークを言ったのですが、日本語にはうまく訳せないので、笑ってもらえませんか」とお願いするという手を打ちました。

すると、会場のお客さんたちも事情を察してくれたと見えてワーッと笑ってくれました。アーティストに目を向けると「ほら、ウケただろ？」と得意げです。

これもまた咄嗟《とっさ》の思いつきから出た賭けでしたが、そこでの一番の優先順位は「彼が言ったことを正確に訳すこと」ではなく「会場を盛り上げること」でした。言ってしまえば、お客さんたちを沸かせ、彼をいい気分にさせることができれば何でもよかったわけです。

何であれ問題を解決しようと思ったら、まず優先順位を考えなくてはいけませんが、「緊急度＝高」「インパクト＝強」の問題が起こったときは、特にこの見極めが重要です。

「何が一番重要なのか」を見極めると、順当に考えていてはたどり着けないような「突飛《とっぴ》だが最も効果的な解決法」を思いつくもの。そんな「火事場の馬鹿力」的な問題解決ができるようになるためにも、まず、何か問題が起こったときに、「緊急度の高低」「インパクトの強弱」のどこに属する問題なのかを瞬時に位置づけるクセをつけるといいでしょう。

すると、本当にすぐに着手しなければいけない問題を差し置いて、別の問題にかかずらってしまう、といった間違いも防ぐことができます。「緊急度」と「インパクト」の四象限を頭に置いておくだけで、適時・適切な問題解決に当たれる、まさに「仕事ができる人間」になれるというわけです。

第4章

人脈を広げるよりも大切なこと

EQ――自分とは違う人たちと対話する力

社会人になると、仕事という共通目的のために、誰とでもうまくコミュニケーションを成立させ、協力していかなくてはいけません。

当たり前の話ですが、この点で苦労する社会人が多いことも事実です。社内の人間関係を苦にして転職したというのは、よく聞く話でしょう。

たとえ最初から一人で起業し、組織には属さない道を選んだ場合でも、この世に「一人で完結する仕事」は存在しません。仕事とは、例外なく「何らかの形で誰かと協力して何かを生み出すこと」ですから、人間関係構築力は働く人すべてにとって重要です。

仕事を通じて、おそらく今まで付き合ったことのないタイプの人と出会うことにもなるでしょう。そういう人とでも良好な関係を構築し、協力して仕事をしていける能力について、本章ではお話ししていこうと思います。

まず、**仕事上の人間関係構築力とは、ほうぼうで無闇やたらと人付き合いの幅を広げるためのものではない**と私は考えています。

いわゆる「人脈」を拡大することよりも、目の前にいる人たち、今まさに何かを共に成し遂げるために協力しようとしている人たちと話し合い、意思の疎通を図り、合意形成して前進していくことのほうが、はるかに重要です。仕事上の人間関係構築力とは、そのために鍛える必要があるものなのです。

人は皆、それぞれに異なる人格や価値観を持っています。気が合う、気が合わないというのも、「比較的自分と近いか、どうか」という話であって、いくら気が合う人でも自分とまったく同じではありません。

この世に一人として同じ人間は存在しないし、思考や感情は個々のものである、ゆえに完全に理解し合うことはできない。まずは、この当然かつ冷徹な事実を認識することから始めましょう。

その上で重要になってくるのが、ＥＱ（Emotional Quotient＝心の知能指数）です。

この社会で成果を出しつつ幸せに生きていくためには、単に「知能」が高いだけで

は足りません。他者への共感能力や対話力など、心の面でも成熟している必要がある。EQは、そんな心の面での成熟度や能力を示す概念として、よく挙げられます。

私自身、EQについて学ぶ授業を学校の必須科目にしてほしいと思うほど、社会人生活の中で、この能力の重要性を実感してきました。

私が考えるEQが高い人の共通点を挙げると、ざっと次のような感じです。

独りよがりで自分の考えを押しつけるのではなく、対話を通じて共に歩む方向性を打ち出していく。人の意見によく耳を傾け、相互理解を図る。能力面、感情面で相手を慮《おもんぱか》り、必要なサポートを適時、差し出す。公正・公平な判断に努める。

究極的にはリーダーに求められる資質とも言えますが、ぜひ若いうちから、こうしたことを意識して働いてください。EQは一朝一夕《いっちょういっせき》に高められるものではないからです。

といっても何も難しいことはありません。**社会人になってから体験すること、すべてがEQを高めることにつながっています。問題は、どういう意識で仕事に向き合うか、です。**

たとえば、社会人になったばかりのあなたは、これから、たくさん失敗するでしょう。

データ入力を間違える、書類の書き方を間違えるといったテクニカルなミスとは別に、上司や仕事相手とのコミュニケーション不足による失敗もあると思います。それこそＥＱを高める学びのチャンスです。

「なぜか怒られた」「急に機嫌を損ねられて仕事が滞ってしまった」とふてくされるのではなく、謙虚に己を振り返ってみる。よほど相手が人格に難ありの人間でもない限り、うまくいかなかったことには何か「理由」があるはずなのです。

「自分の話の進め方に問題はなかったか」

「こうなる前に、何か不協和音の兆候は表れていなかったか」

「自分の意見を言うばかりで、相手をないがしろにしていたのではないか。悪気はなかったとはいえ、そういうよくない印象を与えるような行動になってはいなかったか」

などなどと振り返ってみると、きっと「あ、ひょっとして……」と思い当たるところが出てくるはずです。そう気づき、次からは少し気をつけるようにする。この積み重ねによりEQは高まっていきます。

失敗するたびに学んでEQが高まるほどに、周りの人たちとのコミュニケーションは円滑になり、協力関係が強化されて成果も出しやすくなっていくでしょう。そしていつか人を率いる立場になったときに、そこまで着々と培ってきたEQが必ず役に立ちます。

EQとはコミュニケーション能力＋公平性

EQというものをもう少し具体的に紐解いてみると、まずコミュニケーション能力が高いこと、そして公平であることが主な構成要素と言っていいでしょう。

まず**コミュニケーション能力とは、単に「誰とでも仲よくなれます」という社交性の話ではありません。芯のある対話を通じて意思疎通できるか、ということ**です。

自分の意見を持つことは大切です。しかし、それを一方的に押しつけるのはEQの低い人がやることです。

自分の意見を伝えつつ、相手の意見に耳を傾け、尊重できるようでなくては良好な人間関係は築けません。自分の意図を明確に伝える「説明力」に、相手の意図を正しく受け取る「理解力」をも兼ね備えた、総合的なコミュニケーション能力が仕事には不可欠なのです。

ではもう１つの「公平であること」というのは、どういうことでしょうか。

本当は「A」と思っているのに、上司に「Bだよな？」と言われたら、つい合わせて「はい、私もBだと思います」と言ってしまう。ありがちなことですが、忖度《そんたく》や日和見でコロコロ言うことが変わる人は結局のところ信頼されず、良好な人間関係を築くことができません。

したがって、ここで言う**EQを構成する「公平性」とは、相手によって自分の主張を変えないこと。**ときには本当に自分の意見が覆ることもありますが、そうでない限りは、誰に対しても主張をまげずに率直にものを言うということです。

裏表なく、自分の個人的な損得勘定や目論見《もくろみ》に相手を巻き込まないこと、といってもいいかもしれません。

この点で特に思い出されるのは、私のソニー社長時代に社長室長をしてくれていた、ある部下です。彼は組織のトップに立っている私に対しても常に忖度なく、率直にものを言ってくれました。

地位が上がると周囲に「イエスマン」しかいなくなる、というのはよく聞く話ですが、私がそんな憂き目を見ずに済んだのは彼のおかげと言っていいでしょう。

ずっと私の部下でいてほしかったのですが、あまりにもEQも実務能力も優れていたので、いつまでも私の下にいてはむしろ組織の損失になると思い、あるとき手放すことにしました。私の見立ては間違っていなかったようで、その後、彼は素晴らしいキャリアパスを歩み、現在はソニーグループの要職に就いています。

上司、先輩に対しても、あるいは部下・後輩に対しても、自分が「A」という意見を持っているのなら、誰に対しても「Aだと思う」と表明する。それによって衝突が起こるかもしれませんが、先に挙げたようなコミュニケーション能力があれば、意見の相違を乗り越えて協力することができるでしょう。

このように、高いコミュニケーション能力と公平性を持って人と協力し、物事を進めていくのがＥＱの高い人の仕事の仕方と言えます。

私が出会ってきた「ＥＱの高い人」

私が出会ってきた中でも、特にＥＱが高いと感じた人というと、筆頭に挙がるのはＣＢＳ・ソニーの大先輩であり、尊敬する上司でもあった前述の丸山茂雄さんです。丸山さんは仕事に厳しい方ではありましたが、相手が誰であろうと常に耳を傾け、わからないことは「わからない。教えて」と素直に言える度量をお持ちでした。立場が上がるにつれて、わからないことを素直に「わからない」と言い、オープンマインドで「教えて」とはなかなか言えなくなるものです。ところが丸山さんは、まったく偉ぶることがなかった。その点でも、やはりすごい人だなと思います。

しかも、丸山さんから「わからない。教えて」と言われて改めて説明しようと思うと、決まって「あれ？」というところが出てくるのです。

自分ではわかっていたつもりでも、実はよくわかっていなかった。丸山さんの「わからない。教えて」には、そう部下に気づかせることで、仕事の精度を高める力もあったんだと密かに思っています。ご本人には、そんなつもりはなかったのかもしれませんが。

丸山さんについては、こんな思い出もあります。

まだ私が20代だったころのことです。私は、ある案件の打合せのために、ニューヨークに出張しました。無事に話が済み、疲れ果てて東京に戻ってきたところに、ニューヨークで進んでいた別のＥＰＩＣ・ソニー案件でトラブルが起こったという連絡が入りました。

ＥＰＩＣ・ソニーの責任者は丸山さんだったので、私から連絡を取ってトラブルのことを説明すると、丸山さんは「平井くん、悪いんだけどニューヨークに行って解決してきてくれ」とおっしゃいます。

私はといえば、窮屈なエコノミークラスで往復何十時間もかけて、ニューヨークに行って帰ってきたばかりです。正直、「勘弁してくれよ」と思いました。

そこでダメ元で「社費でビジネスクラスに乗ってもいいなら、行きます」と言ってみると、丸山さんは二つ返事で「いいよ」でした。こうして私は、「言ってみるものだな、ラッキー」と思いつつ、再び東京・ニューヨーク間を往復したのでした。

今思うと若気の至り、なんと生意気なことを言ったものかと思いますが、後に丸山さんから、「はっきりとものを言うやつだと思って評価したんだ」と言われました。

このように、**単に言動を見るのではなく、言動を通して「どういう人間か」を公平に見極めるというのもEQの１つ**といっていいでしょう。

この一件のみならず、部下の話をよく聞くこと、信頼して任せること、かといって責任を部下一人に押しつけず、常にバックについていてくれること……、丸山さんの人との接し方や仕事の進め方は、私にとって常に最良のお手本でした。

周囲をモチベートするビジネスパーソンとは

会社は人間の集合体であり、あらゆる仕事は周りの人たちとの協働ですから、いかに周囲のモチベーションを高めるかによって成果は大きく左右されます。

たとえば、人を否定しない環境を作ること。誰かが発案した企画が失敗に終わったとき、「そんな企画を出したことを責める」のではなく、「企画立案し、チャレンジしたことを認める」というのは、私がリーダーとして心がけていたことの1つです。

具体的には、部下が立案した企画が、実現までこぎつけたもののセールス的にまったく振るわず、撤退することになってしまったときなど、私は、その結果ではなくプロセスを祝う飲み会を開いていました。

企画が失敗に終わったことを責めたら、本人はもちろん、他の人たちも萎縮してしまって新しい企画を出しづらくなってしまうでしょう。

しかし、新しい発想やチャレンジ精神は、何よりも企業をドライブするものです。これらが失せたら企業は新しい価値を生み出せなくなり、世に求められなくなって衰退の一途をたどります。

つまり、**失敗を恐れることなく、どんどん新しいことを発想しチャレンジしたいというモチベーションを上げることは、リーダーの最も重要な仕事の1つ**なのです。

なぜ、ここでリーダーの心得について話しているかというと、あなたに、ぜひ将来的にはよきリーダーになっていってほしいと思っているからです。

リーダーの資質は長年かけて培われるものです。たとえ今現在は何の権限もなくても、失敗や挫折を味わっている同期や後輩に「でも、チャレンジしたこと自体がすごいよね」といった声をかけることなら、すぐに実践できるでしょう。

その他、間違えたときに素直に「ごめんなさい、間違えました」と言う、人のアイデアを素直に「いいね」と認めるなど、おかしなプライドやエゴが介在しない素直さも、ゆくゆくはリーダーになっていくビジネスパーソンに必要な資質です。

こうした日常的なアクションを通じて、強いて心がけなくても自然体で周りのモチベーションを上げられるようになっていく。この先、あなたがどのような人生を歩むのかはわかりませんが、この資質は今から養っておいて損はありません。

見た目、振る舞いで評価・成果は左右される

「人は見た目ではない」とも言われますが、**人間関係上、やはり見た目の印象は無視**

できません。当然ながら、あなたの姿は、自身よりも他者の目に映っている時間のほうが圧倒的に多いからです。

たとえば、いつもヨレヨレのスーツにボサボサ頭で汚い靴を履いている上司よりも、いつもパリッとしていて頭から足の先まで清潔感のある上司のほうが、「ついていきたい」と思うでしょう。

「見た目がすべて」とまでは言いませんが、見た目で判断されるところが大きいのは事実なのです。私も若手社員のころは上司の装いをチェックしていましたし、ソニーの社長になってからも、役員クラスのスーツや時計、靴にはいつも注目していました。

ちゃんとできていたかどうかは別として、私自身も、見た目には気を配ってきたつもりです。リーダーの見た目は会社全体の士気をも左右しかねないと思って、常に「自分が社員たちの目にどう映るか」を意識してきました。

もちろんリーダーに限らず、一社員であっても見た目の印象を気にしたほうがいいことには変わりありません。

むしろマネジメント層よりも若手社員のほうが、見た目で判断される割合は大きいと言ってもいいかもしれない。まだほとんど実績がない若手社員は、見た目の印象という表向きのところ以外の評価基準に乏しいからです。

「どう装うか」と共に、「どう振る舞うか」も同様の理由で重要です。

たとえば挨拶ができること、受け答えがハキハキしていること、動きが機敏であること、丁寧な言葉で話せること、人の話をしっかり聞くなど、「学ぶ姿勢」が見えること——一言で言えば、「感じがいい人」は、やはり評価されやすいものです。

ですから、現時点で少しでも好印象を与えられるよう、そして将来的にリーダーになったときのためにも、「周囲にどう見られているか」を意識し、常にきちんとした装い、立ち居振る舞いを心がけてください。

見た目の印象のいい人、そして立ち居振る舞いの感じがいい人は、リーダーになってからも、人当たりの点で慕われやすく、よりスムーズに部下を率いることができるはずです。

仕事とは、どこまで行っても「人間同士の協働作業」です。もっと言えば、人間は一人では生きていけません。つまり、見た目の印象と立ち居振る舞いの価値は、仕事をする限り、さらに言えば生きている限り、ずっと有効というわけです。

本物の人間関係を築くために

仕事では、社内だけでなく社外の人たちとの関係性を良好に保つことも重要です。といっても無闇に人脈を広げることには、あまり意味がないと私は思っています。もともと「本当に気の合う人たちと、狭く深く」という友だち付き合いをするタイプだからなのか、仕事上の人間関係も「広ければ広いほど、多ければ多いほどいい」という考えではありません。

それに、いくら考えてみても、無闇に人脈を広げるメリットが見出せないのです。たとえば同業種の懇親会や異業種の交流会で大勢の人といっぺんに出会って、名刺交換はしても、その後、何か有意義なお付き合いに発展するケースはいかばかりか。おそらく、ほとんどないというのが実情でしょう。

単なる知り合いが増えるだけで、実のある関係が構築されるのは稀だと思います。その稀なケースのために、たびたび時間と労力とお金を費やす。私は決して効率ばかりを重視しているわけではありませんが、さすがに、これは無駄に思えてしまいます。

私はFacebookやX（旧Twitter）などのSNSを一切使っていません。今どき珍しいかもしれませんが、SNSを使わないのも、人脈を広げようとしない理由と同じです。たくさんの人と浅くつながることの価値がわからないからです。

数ある業種の中には、「浅く広く、いろんな人と知り合うこと」が求められるものもあるのかもしれません。しかし、もしそうだとしても「ただ知り合っただけ」では、その先、やはり何にもならないでしょう。

仕事のために誰かと新たに知り合うのは、その誰かと一緒に仕事をする可能性を探るためであるはずです。したがって、いくら「浅く広く、いろんな人と知り合うこと」が求められる業種であっても、ただ知り合うだけでは意味がないわけです。

人脈を広げるにしても、何十人、何百人と集まる会ではなく、たとえば、もともと信頼している人がセッティングしてくれるような小さな集まりのほうが、よほど、いい出会いを得られそうです。

社外に幅広い人間関係を求めるべきかどうかは、個々の業種やポストによって違ってきますから、まず、そこを検討もせずに闇雲に人脈を広げようと躍起《やっき》にならないこと。

若いうちは特に「知り合いを増やしてなんぼ」と考えがちです。「この会合に行って名刺をたくさん交換してこい！」なんて指示を飛ばす上司もいるかもしれません。が、時間という貴重な資産を無駄遣いしないためにも、自身の思い込みや上司の言動に惑わされず、冷静になって考えてみることが大切です。

ただたくさん名刺交換をすることに意味があるのだろうか。社外に人脈を築くとしても、もっと実のある方法はないだろうか。上司命令の会合だったら出席しないわけにはいかないとはいえ、こういう思考を経るだけでもだいぶ違うでしょう。

はっきり言って、「名刺をたくさん交換してこい！」なんて指示を飛ばすような上司は、あまりいい上司ではありません。

だから、若い人だけが潤沢に持っている時間という資産を無駄にしないためにも、表向きは上司に従っておいて適当に済ませる。あなたの意志で上司を取り替えることはできない以上、言い方は悪いのですが、場合によっては「面従腹背《めんじゅうふくはい》」の心構えも必要です。

「飲みニケーション」に意味はあるのか

昔は「人間関係は酒の席で深まる」などと言われたものです。ですから、一般的には上司の「飲みに行くぞ！」の掛け声にはＮＯとは言いづらく、社外の人たちとの酒席にも積極的に参加することが推奨されていました。

それが今では、かなり様相が変わってきているようです。

そもそもお酒を好んで飲まない若い人も多いと聞きますし、終業後に飲みに誘おうものなら「すみません、約束があるので」と断られたり、さらには「その分の残業代は出るんですか？」と聞かれたり……といった嘆きの声をたびたび耳にします。

こうした傾向に対する私の感想ですが、「別に、いいんじゃない？」と思います。

いわゆる「飲みニケーション」に意味はあるか。これはごく単純な話で、一緒に飲んで楽しい人とだったら意味があると言えるので、どんどん行けばいいと思います。

しかし、たとえば上司の自慢話や説教ばかり聞かされるような苦痛しか感じない飲み会に、大した意味があるとは思えません。行かなくていいでしょう。

「上司のご機嫌取りをすることも必要。酒の席で印象をよくしておかないと、仕事に差し支える」

そんな見方もあるのでしょうが、上司の機嫌を取って覚えめでたくするためだけに、若いころの貴重な時間を使うのはナンセンスだと思います。

前述したように仕事は「手段」、会社は「取引相手」です。だから、とにかく文句を言わせないくらい、日々、仕事をきっちりこなすこと。そこさえ抜け目なければ、「ここからは業務外です。時間外勤務です」という認識でいいと思います。

念のため付け加えておきますが、飲みに行くなら残業代を請求しようという話ではありません。飲みニケーションは、時間給が支払われない業務外の時間を使ってでも一緒に飲みたいと思える人とだけ、そう心得ておけばいいでしょう。

私自身、今の若い世代からすれば昔の人間とはいえ、社会人1年生のときから「飲み会は業務外」という認識でした。

だから、行きたくない酒席には躊躇《ちゅうちょ》なく、「すみません、別件がありますので」と言って不参加でした。

ただ、ここで補足しておきたいのは「飲み会の断り方にもマナーがある」ということです。たとえば、あなたが誘った側であったとして、相手から「この飲み会には参加する気が起きないので、参加しません」と言われたら、どのように感じるでしょうか。ここは、「すみません、別件がありますので」などと、相手の気分を害さない言い方を心がけるというのは、人間関係を円滑にするために必要な配慮ではないかと思います。

昨今は、上司から誘うと「アルハラ（アルコールハラスメント）」になりかねないという ご時世ですから、ひょっとしたら、今後は飲みに誘われること自体、どんどん減っていくのかもしれません。実際、10年前、15年前と比べるとすでにだいぶ減っているはずです。

なかには、「この人とは会社の外で、お酒でも飲みながら話を聞いてみたい」と思える相手もいるでしょうから、会社帰りなどに飲みに行く機会そのものが失われてしまうのは少しさみしいものがあります。

こうしたご時世的に、もし上司から誘いづらいのであれば、部下から誘ってみるのはどうでしょうか。

直属の上司とは限りません。「もっと仲よくなりたい」「いろいろ話を聞いてみたい」と思える目上の人がいたら、こちらから「飲みに連れて行ってください！」とお願いする。勇気がいるかもしれませんが、若手に慕われて悪い気がする人は、そうそういません。

時代と共に企業文化も変化していくべきです。あなたさえ望むのなら、「下から誘う」というのが新時代の飲みニケーションのスタンダードになっていく可能性は大いにあると思います。

「鈍感」のすすめ――孤立するのは悪いことじゃない

仕事も会社も楽しいことばかりではないので、ある程度、鈍感になることも大切です。

きっと多くの人が、集団の中で孤立することを恐れているのでしょう。

だから、いつも周囲を窺い、同調圧力に屈し、忖度しながら日々を送ってしまう。こうして周囲に合わせている間、あなたの優先順位はそっちのけです。あなたの人生なのに、自分軸でなく他人軸で生きてしまっている。これでは、あまり幸せとは言えませんね。

自分軸で生きていくには、もっと周りにどう思われても気にしない、気にならない鈍感さを持ちたいところです。

いくら「あいつは付き合いが悪い」と言われようと、行きたくない飲み会には行かない。いくら「あいつはいつもさっさと帰る」と言われようと、仕事が済んだらダラダラと会社に残らずに、プライベートの時間を好きなように過ごす。そんな鈍感力です。

ここでも有効だと思われるのは、「仕事は手段であり、会社は取引相手である」という意識です。もともと私は、周囲の目がほとんど気にならないほうだったのですが、それも、「仕事は手段、会社は取引相手」と最初から割り切っていたからでしょう。

仕事が自分の人生のすべて、会社が自分の世界のすべてと思い込んでいると、孤立するのが怖くなります。ほかに居場所がないから、周囲に合わせてでも、そこに確実にいられるようにしたくなる。

でも「仕事は手段、会社は取引相手」と割り切っていれば、しょせん自分の人生の一部にすぎない会社で孤立しようと大して気になりません。自分にはもっと大事な別の事柄、世界があり、会社で孤立しても別の大切な居場所にいられればいい、そう思えるからです。

ただし、仕事を進めるには人との協力関係が必須ですから、コミュニケーション能力は欠かせません。自分軸で生きることに寄与する鈍感力も度を越せば、単なる低E

Ｑ人間になってしまうでしょう。

大事なのは社会人としてのバランス感覚です。周りと協力しながらも、周りに流されないこと。あなたの頭で考え、意見を言えること。同調圧力には屈せずに、行きたくない飲み会はサラリと回避する身軽さを持つこと。

混乱してしまったかもしれませんが、あなたの優先順位がわかっていれば、そう難しいことではありません。仕事は手段、会社は取引相手。この意識であなたの優先順位を大切にしながら、適度に鈍感にやっていきましょう。

第5章

辛いときこそ成長のチャンス

「ダメ上司」を持ったときにすべきこと

部下のことをよく見ていて、適切にモチベートしながら仕事を振る。部下の話に耳を傾け、必要に応じてよき相談相手になりつつ、過干渉はしない。失敗を叱責せず、チャレンジしたことを評価する。

世の中の上司が皆、そんなＥＱの高い上司だったらいいのですが、残念ながらそうではない。しかも上司を選ぶことは基本的にはできません。

そうなると、もし、先ほど挙げたのとは正反対の「ＥＱの低いダメ上司」を持ってしまったらどうするかも考えておいたほうがいいでしょう。パワハラやセクハラは論外ですが、プレイヤーとしては仕事ができても後進の指導にはまったく向いていない、困った上司も多いのです。

「部下は上司を選べない」問題は、会社員として誰かの下で働く限り、常に付いて回る問題です。もっと言えば、生まれ育った時代や社会背景だって選べません。

国の経済がよく、何にでもチャレンジできるような明るい時代に、部下を伸ばすいい上司に恵まれる人もいれば、経済が悪く、先行き不安な暗い時代に、部下の足を引っ張るような悪い上司を持ってしまう人もいるでしょう。

ただ、**不運にも悪い上司に当たってしまった場合でも、腐ったらそこでおしまい**なのです。

厳しいことを言うようですが、腐っていても誰も何もしてくれません。どんな状況においても、あなたのアクションなしに次の扉は開きません。

裏を返せば、あなた一人さえ「何とか、よりよくしたい」という意欲を失わずにアクションを起こせば、何かしら、あるいは誰かしらの助けで光明が見えてくるものです。人生に後ろ向きになっている間にも、何かできることがある。それを探すこと。「こんな状況だけど、できることはないか？」という方向に、頭と体を動かしましょう。

したがって、ダメな上司を持ってしまったときに一番よくないのは、不満げな表情で働くことです。

当然ながら、会社にはその上司とあなただけでなく、他の課や部の長、先輩・後輩社員などたくさんの人たちがいます。そして往々にして、EQの低いダメ上司のダメさ加減は周りの人たちも承知しているものです。

そういう人たちが自分のことを見ているんだ、という意識を持ってください。

では、ここで視点を反転させて、その周りの人たちの立場から考えてみましょう。

一人の若手社員が、不運にも例のダメ上司の下に配属されてしまった。さて、彼・彼女はどうするだろうか。試すような意地悪な視点ではなく、半ば心配と見守りの目で遠くから見ています。

すると、案の定というべきか、理不尽な環境でみるみるやさぐれてしまい、ふてくされた様子で仕事をする姿をよく見かけるようになってしまった。残念。かわいそうだけど、彼・彼女はこのまま芽が出ないままだろうな――というのがケース1。

あんな上司の下では苦労も多いだろうに、一生懸命やっているな。大変そうではあるけど、周り人たちともちゃんとコミュニケーションを取って、いつも笑顔で健気にがんばって仕事をこなしている。これは見どころがある。きっと素晴らしい人材に成長するだろうから、今のうちから目をかけておこう――というのがケース2。

少し極端すぎたかもしれませんが、今挙げた2つの事例から、なぜ不満げに働くのがよくないかが明確に見て取れるでしょう。

ダメ上司がダメなのは、もう変えようがありません。かといってあなたから申し出て上司を取り替えるのも難しい。

ならば、**あなたの働き方は「周りの人たちに対する自己マーケティングの一環」と思って、ダメ上司の下でも決して腐らず、明るく積極的にきっちり仕事をこなしてみせよう**、というわけです。

もちろん、より根源的な観点から見れば、そもそも、そんなEQの低い人間を責任あるポストに就けた会社に一番問題があります。

ただ現実問題として、会社の任命責任を追及するのは難しいですし、すぐに異動を願い出たり転職活動を始めたりするのも考えづらい。その上司の下でしばらくは働かなくてはいけない。この条件付きで言うならば、あなたの働き方を通じてあなたという人間を知ってもらう機会とするのが得策、ということです。

「人の真価は逆境でこそ明確になる」「人は逆境でこそ成長する」などと、よく言われます。ダメ上司も1つの逆境には違いありませんから、そこで発揮される自分の真価と成長ぶりを周りの人に見せるんだという意識を持って、当面は乗り切りましょう。渦中にいると永遠に抜け出せないかのように思いがちですが、永遠に続くものはありません。明日は明日の風が吹く。根性論ではなく1つの戦略として、ダメ上司の下でも腐らずにがんばっていれば、いつか何らかの形で報われる日がやって来るでしょう。

逆に、もし、**いい上司に当たったら、徹底的に使い倒しましょう。**

面倒見がよく、話を聞いてくれる。仕事で困ったときや迷ったときには相談に乗ってくれるが、過干渉ではなく適度に任せてくれる。失敗しても一方的に叱責するのではなく、まず、がんばったことを労《ねぎら》った上で善後策を促し、大いに学ばせてくれる——。

すべて揃った理想的な上司に出会えることは稀かもしれませんが、1つでも、いいところがあれば、その点を「使わせていただきます」という精神で、ありがたく享受する。

「いい上司に当たった。ラッキー」だけでは全然足りません。かなり意識的、戦略的に、その人から吸収できるものはすべて吸収する。それが部下としての自分の務めくらいに思って、上司を使い倒してください。

学べることは、その人から直に教わる仕事のノウハウだけではありません。

普段、どういうふうに仕事をしているか。どう目上の人、目下の人、取引先の人たちなどと接しているか。うまくいっているときには何をするか、逆にうまくいっていないときには何をするか。

その一挙手一投足があなたにとってのよきお手本ですから、日々、観察することで学べるところもたくさんあるはずです。

「会社、辞めようかな」と思ったら

仕事は手段、会社は取引相手。どちらも人生の一部にすぎないとはいえ、やはり日々の糧を得るために働くわけですから、重要なものには違いありません。

ときには「この会社、辞めたいな」と思ってしまうこともあると思います。でも、せっかく縁あって働くことになった会社です。ブラック企業、パワハラ上司など病的な状態を除いて、なるべく「辞めずにがんばれる方法」を探ったほうがいいでしょう。

特に**人間関係を理由に、衝動的に辞める選択肢を取るのはおすすめしません。**

なぜなら、どこに行っても人間関係の悩みは付きものだからです。

だからこそ、いろいろな人間がいる中でどうコミュニケーションを取って仕事をするかが問われているわけです。その努力をろくにせぬまま「上司とソリが合わないから辞める」では、おそらく次に働く場所でも同じ壁にぶつかるでしょう。

こうして仕事人として必須の素養を培えぬまま職場を転々としていたら、当然、立場も給料も上がりません。何より仕事にやりがいを感じられず、何かを成し遂げる喜びを味わう機会にも乏しくなってしまう。そんな仕事人生を送りたい人はいないでしょう。

ですから、「この会社、辞めたいな」と思ったときには、まず、そう思わせている原因について、本当に辞める理由として妥当なのかを冷静に考えてみる必要があります。

ひょっとしたら、あなたのちょっとした意識や行動により、「辞めたい」と思った原因が解消あるいは縮小するかもしれません。そうしたら、相応に労力のかかる「辞める」「転職する」という選択をせずに済みます。

さらには、そこを出発点として、今の仕事に少しずつ楽しみを見出し、今の会社で働くことに少しずつ喜びを感じられるようになったら何よりでしょう。

転職を考えてはいけないということではありません。取ろうと思えばいつだって、転職という選択肢を取ることができる。いわば**切り札として「転職」を手元に置いた状態で、まず、今の環境でベストを尽くす方法を考えてみよう**という話なのです。

「ここしか居場所がない」と思うと、悲愴感と共に会社にしがみつくことになってしまいますが、転職という切り札があると思うだけで気持ちに余裕ができるはずです。

特に現代、転職は珍しくありませんから、「辞めようと思えばいつでも辞められる」「転職しようと思えばいつでも転職できる」と思っていても問題はないでしょう。すると、より大らかな気持ちで今の環境を眺め、そこでの過ごし方についても考えやすくなると思います。

「仕事ができる人＝いい上司になれる人」じゃない

仕事上で実績のある人をマネジメント層に据える企業は多いことでしょう。しかし、この人事基準は、必ずしもいいマネジメントにはつながりません。**「仕事ができる人」と「いい上司になれる人」はイコールではない**からです。

プロスポーツでも「名選手は名監督にあらず」とよく言われます。実際、現役時代は大活躍した四番打者でも、監督としてはまったく振るわなかった……というケースは珍しくありません。仕事にも同じことが言えるのです。

本書でも繰り返し述べてきたように、仕事では実務能力と共にＥＱも求められます。特に人の上に立つ人物には、ＥＱの高さは絶対に欠かせない条件です。

たとえ実務能力が高くても、ＥＱが低い人は本当の意味で「できる人」ではありません。高い実務能力とＥＱを兼ね備えている人こそ「できる人」であり、そういう人が責任あるポジションに立つような組織であることが理想です。

「私は実績を買われて部長になった。部長の言うことは聞け」とばかりに、肩書で仕事をするなど論外です。チームを率いて成果を上げていくには、自分が実務的に有能なだけでは足りません。

たとえば、部下の適性を見抜き、得意なところは生かして苦手なところはフォローする。意味と目的を明確にして的確な指示を出す。上司になった途端、こういう能力が求められるようになるわけです。

過去にどれだけすごい実績を上げていようとも、ＥＱが低ければ上司としては失格と言わねばなりません。

仮に「仕事はすごくできるが、ＥＱが低い人」と「仕事はそこそこだが、ＥＱが高い人」のどちらかを昇進させるとしたら、私なら迷わず後者を選びます。昇進試験や人事判断の必須項目にしてほしいくらい、上司のＥＱは大事なのです。

ＥＱが高い人はおかしなプライドで虚勢を張ったりせず、わからないことは素直に「わからないから、教えて」と言い、周りに助けを請うことができます。

「上司だから何でもできなくてはいけない」わけではありません。足りないところ、弱いところがあってもいい。そういうところについては部下に頼って強みを引き出せたほうが、よほどチームの士気も成果も上がりやすいはずです。

また、EQが高ければ、いいアイデアを出した部下や成果を出した部下を素直に褒めることができます。「部下の成果は部下のもの、部下の失敗は自分のもの」と受け止めることもできます。自分の判断が間違っていたときにも素直に認め、早期に軌道修正を図ることができます。

こうしたことができるのは、人格の根本に本当の自信と勇気を持ち合わせている証しであり、実はそれこそ、人の上に立つ者の重要な資質の1つなのです。

そうでないと、知ったかぶりをして失敗する、部下を評価せず、そればかりか部下の成果は我が物とする、失敗した部下を一方的に責める、間違いを絶対に認めない……といった典型的なダメ上司となり、部下から総スカンを喰らいかねません。

実務的な能力を伸ばすことは、もちろん重要です。でも、ひたすら実務能力を伸ばすだけでは、本当の意味での「できる人材」となって幸せな仕事人生を送るのは難しいでしょう。

最初のうちは特に、仕事を覚えることで精一杯。「早く一人前になりたい」という上昇志向や競争心を持つのも大いに結構だと思います。ただ、やがてリーダーとなる将来を見据えても、実務能力と一緒にEQも高めていったほうがいいということは、ぜひ覚えておいてください。

気がはやるかもしれませんが、**個人プレーでがんばるのではなく、周りの人たちとのコミュニケーションを図りながら一緒に成果を追い求める。**まず、この姿勢を持つことから始めたほうが、結果として多くを学び、早く成長できるものです。

自信を持てなくても、任せてくれた人の「眼力」を信じる

会社に入って数年もすれば、もう一人前として扱われて、少しずつ大きな仕事を任されるようになっていくでしょう。そのつどプレッシャーを感じるかもしれませんが、引き受けた以上は完遂することが務めです。

私もソニーという大所帯を任されたときには、もちろんプレッシャーを感じました。ソニーだけでも12～13万人ほどの社員がいて、その家族を平均3人としても合計40万人弱。さらにソニーとの取引で成り立っている様々な企業の社員と、その家族まで含めると、かなりの人数の人生がソニーの再建如何《いかん》にかかっていました。

でも責任が重ければ重いほど、弱音など吐いていられません。

幹部メンバーは私を見込んで社長を任せてくれたわけですし、引き受けたからには「できる」と信じて仕事をしようと心に決めました。自信があったというよりは、「平井に任せてみよう」と考えてくれた人たちの眼力を信じるだけでした。

任された仕事が、あなたの手に余るように感じてしまうこともあるでしょう。それは成長期に足が痛む「成長痛」のようなもので、ビジネスパーソンとして、もう一段階大きくなろうとしている証しです。結果はともかく、精一杯取り組む過程で必ず成長できると思えば、プレッシャーがあってもがんばれるでしょう。

なかなか自信が持てない人もいるかもしれませんが、部下に仕事を振るほうもしかるべき考えがあってのこと。上司はそれなりの経験と眼力を持って「任せても大丈夫」と思ったから任せているのです。

ですから、かつての私がそうだったように、**自信は持てなくても、任せてくれた人の経験と眼力を信じること。**プレッシャーが完全に消えることはないかもしれませんが、これで、だいぶ前向きに、「できる」と信じて取り組むことができるはずです。

それに若いうちは、仕事を引き受けたあなたにも責任がありますが、そもそも仕事を振ったほうにも責任があります。あなた一人で抱え込まずに、迷ったら、まず自分の頭で考えてみてから、どんどん相談するといいでしょう。

上司とは、そのためにいるようなものです。運悪くＥＱの低いダメ上司に当たってしまった場合はあまり期待できませんが、使える上司ならば、前にも述べたように徹底的に使い倒しましょう。

時間を取らせて申し訳ないなんて思う必要はありません。部下の相談に乗り、必要に応じて軌道修正を加えながら導くことが上司の仕事なのですから、必要なときに頼るのは部下の当然の権利なのです。

ネアカであれ、プラス思考であれ

仕事にトラブルは付きものです。どんなに気をつけていても、いつ何時《なんどき》、不可抗力的に逆境に立たされてしまうかわかりません。

周りの人たちと密にコミュニケーションを取り、起こりうるトラブルに先手を打つことはできますが、それでも想定外のことが起こる場合はあります。あなたの力ではコントロールできない外的要因によって仕事が妨げられてしまう場合もある。

たとえば、がんばって進めてきたプロジェクトの実現が、世相の変化によって危ぶまれることになってしまった。近年では、新型コロナウイルスのパンデミックで、こうした逆境を味わった人が世界中にたくさんいたと思います。

つまり、**どんな形であれ、トラブルは起きるときには起こるもの。そこで問われているのはトラブル時にどうリアクションするか、です。**特にリーダーには、不測の事態に見舞われてもどっしりと構えていられる度量が必要です。

部下からすれば、ただでさえ自分が狼狽《うろた》えているところへ、上司の動揺を見せられたら、誰だって不安になります。そんなときこそ、「起こったことはしょうがない。今やるべきことをやろう」というリーダーシップを発揮してほしいものです。

私の経験上、仕事においても人生全般においても、プラス思考ができる「ネアカ」であることが一番だと思います。

まず、プラス思考と楽観的はイコールではありません。

単に楽観的すぎると、何事においても「ま、何とかなるでしょう」と場当たり的になりがちです。チャレンジすることには前向きでも、リスクを見越せず、必要な対策を打たないままで同じような失敗を繰り返すことになるでしょう。

そのつど考えながらしっかりとした足取りで歩んでいくには、物事のマイナス面に目を向けることも必要です。

かといって悲観的すぎると、今度は物事のマイナス面ばかり気にするあまり、不安と恐怖、あるいは諦めに邪魔されてチャレンジできなくなってしまいます。チャレンジしない分、痛い目に遭うことは少ないかもしれませんが、あまり楽しい人生ではありませんね。仕事人としても、大きな成長は見込めないでしょう。

これらのちょうど中間、いいとこ取りをしたものが、「根っこが明るい」という精神状態、つまり「ネアカ」だと思うのです。

「根っこが明るい」というのは、ちょっと大げさに言えば、根源的な自信があるということでしょう。だから、自分を信じてチャレンジすることができます。

ただし明るいのは「根っこ」だけなので、物事のマイナス面にも目を向け、リスクを見越して必要な対策を講じることができます。

そして、いざチャレンジしたときに、目論見が外れて逆境に立たされた場合でも、「根っこが明るい」おかげで物事を悲観せず、プラス思考で対処していける。次のチャレンジにも向かうことができるというわけです。

性格的なことはどうにもならないと思われたかもしれませんが、「ネアカ」は、ある程度、後天的に養うこともできると思います。

たとえば逆境に立たされたとき、楽観的すぎる人は、「ま、何とかなるでしょ」ですべてを場当たり的に済ましてしまう。ならば、その意識の何割かでもいいから、「具体的に取るべき対策は何だろう？」と考えるようにしてみてください。

逆に悲観的すぎる人は、逆境に立たされたとき、「どうしよう、もうダメだ」と絶望してしまう。ならば、その意識の何割かでもいいから未来に振り向けて、「じゃあ、どうしようか」と考えるようにしてみてください。

こういう思考グセを少しずつつけていくことで、徐々に楽観的すぎず、悲観的すぎもしない、ちょうどいい「ネアカ」になっていけるでしょう。何が起こってもプラス思考で対処できる能力はすぐ仕事に生きますし、将来、マネジメント側に立って部下を率いることになってからも必ず役立ちます。

「プレゼンの結果」より「今日のランチ」で悩もう

楽観的すぎず、悲観的すぎもしない「ネアカ」になるには、「自分がコントロールできないもの」「自分が結果に影響できないこと」については思い悩まないようにする、というのも重要です。

「自分がコントロールできないもの」「自分が結果に影響できないこと」というと、たとえば「天気」について思い悩むのはナンセンスですね。楽しみにしているドライブの前夜、「雨が降ったらどうしよう……」なんて思い悩んでも仕方ありません。必要な準備を整えたら、「晴れたらいいな」なんて思いつつ、さっさと寝るだけです。

これと同様、あなたがコントロールできない、結果に影響できない、ゆえに思い悩んでも仕方のないものが仕事でもたくさんあります。

一例を挙げると、取引先でのプレゼンです。自分たちにできるのは事前に十二分に準備をし、当日、万全な状態でプレゼンをすることまで。結果、どうなるかは取引先の判断であり、そこに自分たちは影響できません。

つまり、やるだけやったら、思い悩んでも仕方ないということ。「人事を尽くして天命を待つ」という言葉の通りです。

「通らなかったらどうしよう……」なんて考えるくらいなら、「今日のランチ、何にしよう」と悩み、「よし、天ぷらそばにしよう」と決断するほうが、よほど建設的です。ご覧の通り、「何を食べるか」問題は完全に自分のコントロール下です。余談のように聞こえるかもしれませんが、「自分がコントロールしている」という実感は人間の心理に意外と大きな影響を及ぼします。

あなたがコントロールできないことにばかり思い悩んでいると、人生、何事もままならないように感じられて無力感に覆われかねません。

こういうものは、毎日の小さなことの積み重ねこそ重要です。「自分がコントロールできること」「結果に影響できること」について思い悩み、そのつど自分で決断を下すというのは、いわば、人生をあなたの手中に置き続けるということです。

人生の操縦席に座り、しっかり操縦桿を握っている。ランチという小さな決断１つを取っても、そう実感できる時間を増やすほどに、自分の人生を、その主《あるじ》として動かしているんだという自信がつきます。つまり、根源的な自信のある「ネアカ」になれるのです。

逆境に立たされたときにも、「自分がコントロールできないこと」については思い悩まないという発想は有効です。

ある計画を進行しているときに問題が起こったら、まず、自分が対策を取ることで解決できる問題なのかを分析します。

答えが「イエス」ならば、計画を続行すべく必要な対策を講じる。

しかし答えが「ノー」だったら、それ以上、その問題について思い悩むのは時間の無駄です。「これは自分ではコントロールできない問題だから仕方ない」と頭を切り替えれば、まだ傷が浅いうちに別方向へと前進できます。

仕事とは、おしなべて、こうした判断と決断の連続と言ってもいいかもしれません。**トラブル時に慌てず騒がず、「自分でコントロールできる？　できるなら対策を。できないなら別のプランに」と即座に思考できる人ほど、成果を出せる**というわけです。

人がやりたがらない仕事こそ、自らやる

世の中には、自分がやりたくないことは巧みにスルーして、「おいしいところ」だけ得ようとする人が結構います。自分では要領よく仕事人生を送っているつもりなのかもしれませんが、長い目で見れば、あまり得策とは言えません。

今まで私が見てきた中でも、たとえば退職・降格人事の通告を人事部任せにする社長は珍しくありませんでした。

しかし本来、こういう辛い仕事こそトップが担わなくてはいけないのです。

もとより、そんな信念があった私は、ソニー・コンピュータエンタテインメント・アメリカの社長として組織の立て直しに取り組んでいたころ、該当社員のところには自ら赴いて話すようにしました。

なぜ、そうしていたかというと、第一には、それまで会社に貢献してくれた人たちに敬意を示したかったから。そして第二には、この辛い仕事を人任せにするリーダーには誰もついてこないに違いないと思ったからです。

人は意外と他者の仕事ぶりを見ているものです。その対象はリーダーの仕事ぶりだけではありません。

誰かがやりたくないことを巧みにスルーしている様子を目にしたら、周りの人たちは決していい印象は抱かないでしょう。「へえ、そういう人なんだ」という冷めた目で見られると同時に信頼感も低下し、その人はチャンスに恵まれなくなっていくのが関の山です。

逆に、**人がやりたがらないことを率先して引き受ける人は、それだけでも格段に周囲の信頼感が高まり、結果的にチャンスに恵まれていく。**あらゆるチャンスは人が運んでくるものですから、その人の仕事ぶりを通じて、ビジネスパーソンとしての人となりを見てもらうことがチャンスに直結するわけです。

人がやりたがらないことをするのは、たしかに損な役回りではあります。しかし、大きなチャンスに恵まれたり、人にたくさん協力してもらって成果を出したりするのは、その損を買って出ることができる人と言っていいでしょう。

ただし、1つだけ注意してほしいことがあります。

今までにも「EQの低い上司」問題は指摘してきましたが、そういう上司に当たってしまうと、「こいつなら文句を言わずにやってくれる」と思われ、何でも押しつけられかねません。本当はリーダーこそ、人がやりたがらないことを率先してやるべきなのですが……。

とはいえ、部下の立場では上司を取り替えることはできませんし、いくらダメな上司でも、指示には基本的に従わなくてはいけません。つまり、どのみち押しつけられたことをやらなくてはいけない。では、どうするか。

これも前項で述べた「自分でコントロールできないこと」には思い悩まない、という話と通じています。上司を取り替えることも、上司のＥＱを高めることも自分にはできない。コントロールできるのは自分の意識と行動だけ。

そう割り切ることができれば、ダメ上司にあれこれ押しつけられても無駄に思い悩まず、「へえ、そういう人なんだ」と見限った上で冷静に仕事をこなすことができるでしょう。「仕事をこなすのは、この上司のためではない。周りの人たちへの自己マーケティングのためだ」と思うこともできるはずです。

このように指示には従っても、意識と行動までは取り込まれないように防御線を張る。**「人がやりたがらないこと」を引き受ける際にも、ＥＱの低い上司とは適度に心理的距離を取り、あなた自身を守りながら働いていきましょう。**

難題にも付き合い方がある

「仕事は結果がすべて」と考える向きもあるかもしれませんが、私は、そうは思いません。

営利目的の行動である以上は成功したほうがいい。それは当然ですが、一番大切なのは、やはり「どう仕事に取り組むか」という姿勢の部分ではないかと考えているのです。

姿勢が問われるのは、仕事がスムーズに進んでいるときよりも、「これはもうダメかもしれない」という難局に直面したときです。

CBS・ソニーで海外法務を担当していたころ、社内で最も海外法務に通じているのが私だったということもあって、「この海外アーティストと契約したい」という相談がひっきりなしに寄せられました。なかには「契約金が高すぎる」「印税率が高すぎる」といった難しいケースも少なくありませんでした。

「契約したいのは山々だが、条件的に難しいだろうか。諦めるしかないのだろうか……」とうなだれている担当者に「そうですね。無理ですね」と言うのは簡単です。

でも、それでは、あたかも「私の仕事はイージーな案件でお決まりの契約書を作ることだけです。難しい案件はご遠慮ください」と言っているようなものであり、高い専門性を持って仕事をする身として、あまりにも芸がないと思いました。

そこで私は、難しい案件でも簡単に「ダメ」という結論を出さず、「どうしたら『ノー』を『イエス』に変えられるかを考えましょう」と言うようにしていました。

検討に検討を重ねた結果、うまいこと突破口を見つけられたケースもあれば、どうしても突破口が見つからず、諦めるしかなかったケースもあります。どれほど検討しても、うまくいかないものは、うまくいかない。これも仕事の厳しい一面です。

ただ、最初から無慈悲にも「ノー」を突きつけるのではなく、一緒に考える姿勢を示すこととの効果は大きいと感じていました。「この人は少なくとも解決する道を見つけようとしてくれた」というのが、信頼につながるからです。

一人で仕事をするときもチームで仕事をするときも、さらにはチームを率いるリーダーとなってからも、**難局に差し掛かったら、簡単に諦める前に「どうしたらノーをイエスに変えられるだろうか」と考える**ようにしてください。

視点の持ち方によって、思考も見える未来像も変わります。

「もうダメだ」という視点からは「もうダメな理由」しか考えられず、「ダメになった未来像」しか見えません。でも、「どうしたらイエスに変えられるだろうか」という視点を持つと、脳は自動的に「イエスに変える方法」を考え始め、「イエスに変わっている未来像」も見えてきます。

先ほども述べたように、それでもやっぱりダメな場合はあるでしょう。しかし、**ほとんど何も考えもせずに出した「ダメ」と、鼻血が出るくらいにまで考えた末にたどり着いた「ダメ」とでは、質的に大違い**です。後者ならばスッキリ、「考えるだけ考えた。やれるだけやった」という充足感と共に前進していけるでしょう。

いい状況も悪い状況も必ず終わる

誰にも未来のことはわかりませんが、だからといって無為無策では本当に場当たり的に生きることになってしまいます。備えておくに越したことはありません。

人生にはいい時期もあれば悪い時期もあります。

ここでぜひ覚えておいてほしいのは、このどちらも永遠には続かないということです。**このまますべてがうまくいくかのように思える好調も、このまま永遠に浮上できないかのように思える不調も、いつかどこかで途切れる**ものです。

だからこそ、備えておくことが重要なのです。好調のときは、いずれうまくいかなくなってきたときにどうするか考えておく。不調のときは、その暗く長いトンネルを抜けたときにどうするかを考えておくということです。

好調が途切れたとき、あるいは不調を脱したときに、ようやく考え始めるようでは一手も二手も出遅れてしまいます。

心構えと思考、そして現時点で先手を打てるところには打っておくという点でも、先に備えることで、いざ好調が途切れたとき、不調を脱したときに即座に行動を起こし、チャンスをつかむことができるでしょう。

2020年、新型コロナウイルスのパンデミックに日本も巻き込まれました。ヒトやモノの移動が激減し、街からは人波が消え、飲食店やイベント会場など人が集まる場所は休業を余儀なくされました。

私のところにも、様々な業種の人たちの悲痛な声が多数寄せられましたが、毎回、「歴史を振り返っても、感染症の世界的流行は数年のうちに終わっている。今回もそうなるだろうから、収束したときにどうするのかを今から考えてください」と伝えました。

実際、3年ほどで一応は収束し、様々な制限もすべて解除されました。ここで、「パンデミックが収束したら、どうするか」を考えていた人と考えていなかった人との間には、おそらく大きな「再スタートダッシュ」の差が出たのではないかと思います。

苦境を耐え忍んでいる間は、今日1日をしのぐことで精一杯になりがちです。特に苦境の初期は仕方ありません。でも、少しずつでも、より高い視座から俯瞰的に物事を見るよう努められるかどうかで、その後の行く末は大きく違ってくる可能性があります。

「明けない夜はない」とよく言いますが、その通りです。「夜が明けた暁には、どうするか」をしっかりと考えておけば、その瞬間を迎えたときに迷わずに力強い一歩を踏み出せるに違いありません。新しい朝をどのように迎えるか。そして、そこからどのように毎日を生きていくか。すべてはあなた次第なのです。

おわりに

今、私の人生には2つ、大きなテーマがあります。

1つは子どもの貧困問題に取り組むこと。

「プロジェクト希望」は、そのために立ち上げた一般社団法人です。

2021年の設立以来、主に困窮世帯の子どもが抱える「感動体験の格差」に着目し、同様の問題意識を持つ諸団体とも連携しながら、子どもたちの未来創造のきっかけとなる感動体験の提供、講演・セミナー、感動体験基金などの活動を展開しています。

もう1つは、何らかのかたちで、これからの時代を担う有能なリーダーの育成に貢献すること。

現在は、企業や団体で講演する機会も多くいただいているのですが、打合せや懇親会の場で決まって話題に上るのが「リーダーシップの欠如」です。

リーダーの素質は、若いうちから養われるべきものです。

人の上に立ったら無条件にリーダーシップを発揮できるわけではなく、仕事の経験と共に着々と培われる思考力や決断力、仕事のセンス、EQといった複合的な能力が、人の上に立ったときに、結果的にリーダーシップとして花開くのです。

したがって、有能なリーダーを生み出すためには、今、すでにそのポストについている人ではなく、社会人としてスタートして間もない若い人たちにアプローチをする必要があります。

本書を執筆することを決めた背景には、実は、そういう考えもありました。

社会人として歩み始めたばかりの今のみなさんには、自分が人の上に立ち、リーダーシップを発揮することは想像しにくいかもしれません。

私としても、まず一番の願いは、自分軸を定めたうえで明るい気持ちで仕事をがんばり、そうして成果が出た暁には「うれしいな」「楽しいな」「こういうことで社会に貢献できたな」と実感できる若い人たちが増えることです。

ただ、その延長線上には、やはり、こんな期待もあるのです。

本書でお話ししてきたことが刺激となって、みなさんの「情熱のマグマ」が活性化し、そして数年先、数十年先には優れたリーダーとしてチームを、組織を、ひいては国を率いるような人物となってくれたなら、それほどうれしいことはありません。

最後になりますが、私は本書を含めた執筆や講演などの活動から生じる全ての報酬を先に述べた「プロジェクト希望」の活動費、ならびにその協力団体への寄付に充てています。つまり本書をご購入いただいたみなさんにも子どもたちの未来を創造することに貢献いただいていることになるのです。

この場をお借りして、みなさんの貢献に心から感謝致します。ありがとうございます。

2024年9月吉日

平井一夫

著者略歴

平井 一夫（ひらい・かずお）

元ソニー 社長 兼 CEO／一般社団法人プロジェクト希望 代表理事

1960年東京生まれ。父の転勤でNY、カナダで海外生活を送る。84年ICU卒業後、CBS・ソニー入社。ソニーミュージックNYオフィス、SCE米国法人社長などを経て、06年ソニーグループ・エグゼクティブ。07年SCEI社長兼CEO、09年ソニー EVP、11年副社長、12年社長兼CEO、18年会長。19年より24年までソニーグループ シニアアドバイザーを務める。著書に『ソニー再生』（日本経済新聞出版）がある。

SB新書　669

仕事《しごと》を人生《じんせい》の目的《もくてき》にするな

2024年10月15日　初版第1刷発行

著　　者　平井《ひらい》一夫《かずお》
発 行 者　出井貴完
発 行 所　SBクリエイティブ株式会社
〒105-0001　東京都港区虎ノ門2-2-1
装　　丁　杉山健太郎
写　　真　小田駿一
フォトリタッチ　兵頭 誠（VITA inc.）
スタイリング　鈴木好弘（GORI international Inc.）
ヘアメイク　城所とも美
D　T　P　株式会社キャップス
編集協力　福島結実子（株式会社アイ・ティ・コム）
編　　集　小倉 碧
印刷・製本　中央精版印刷株式会社

本書をお読みになったご意見・ご感想を下記URL、
または左記QRコードよりお寄せください。
https://isbn2.sbcr.jp/22367/

落丁本、乱丁本は小社営業部にてお取り替えいたします。定価はカバーに記載されております。
本書の内容に関するご質問等は、小社学芸書籍編集部まで必ず書面にて
ご連絡いただきますようお願いいたします。

ISBN　978-4-8156-2236-7